Christian Lüdke / Andreas Becker

Der kleine Samurai Mio Mio Mausebär

Gemeinsam durch Enttäuschungen stark werden

Vorlesebuch mit begleitendem Elternratgeber

ecomed
MEDIZIN

Wichtiger Hinweis:
Die Informationen und Anregungen in diesem Ratgeber sind keine Beratung und unverbindlich. Sie haben lediglich informativen Charakter. Die hier abgedruckten Empfehlungen ersetzen auch nicht Hilfe und Unterstützung durch vertraute Menschen und Gespräche mit Freunden oder der Familie. Dieser Ratgeber soll all jenen als Gesprächsgrundlage dienen, die kindliche Ängste und deren Erscheinungsformen besser verstehen wollen.
Bei körperlichen Beschwerden Ihres Kindes oder länger anhaltenden Symptomen, gleich welcher Art, sollten Sie immer einen Kinderarzt und/oder fachlich anerkannten und zugelassenen Kinder- und Jugendlichenpsychotherapeuten aufsuchen.

Blaue Enten sind weder gefährlich noch böse. Sie sind nicht mehr als eine Täuschung. Also: Keine Angst vor Enttäuschungen. Sie bewirken am Ende Gutes!

„Enttäuschung ist mir eine Beglückung, denn zuvor war ich getäuscht, danach ist die Täuschung aufgehoben."

Janosch, Zeichner und Kinderbuchautor

„Ich kann das alleine. Ich bin ein Mädchen."

Liliana, 8 Jahre

„Wenn ich mir morgens die Augen reibe, sehe ich nur Nebel. Wenn ich dann die Augen noch mal reibe, sehe ich nur Blümchen. Und wenn ich sie dann noch mal reibe, sehe ich wieder normal."

Zoe, 6 Jahre

Bibliografische Information der Deutschen Bibliothek
Die Deutsche Bibliothek verzeichnet diese Publikation in der Deutschen Nationalbiografie; detaillierte bibliografische Daten sind im Internet über <http.//dnb.ddb.de> abrufbar.

ISBN 978-3-609-55018-3

© 2008 ecomed MEDIZIN, Verlagsgruppe Hüthig Jehle Rehm GmbH,
Heidelberg, München, Landsberg, Berlin

www.hjr-verlag.de
www.mausebaer.de
www.blaue-enten.de

Text: Dr. Christian Lüdke
Layout und Grafik: Andreas Becker
Redaktion: Susanne Warmuth
Druck: Kessler Druck + Medien, D-86399 Bobingen

Printed in Germany

Inhalt

Ich widme dieses Buch

meinen geliebten Töchtern Liliana Eva und Zoe Maria und …

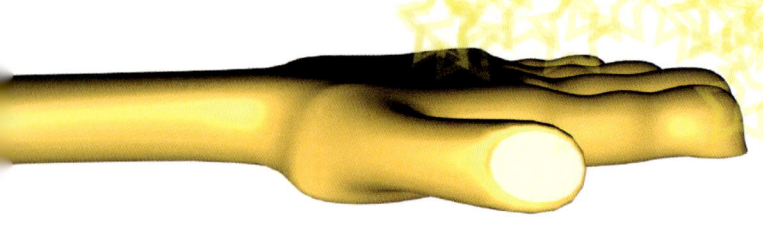

Vorwort

„Man braucht ein ganzes Dorf, um ein Kind großzuziehen."
Diesem Sprichwort aus Afrika werden Sie in diesem Buch begegnen,
und ich bin überzeugt, dass Sie ihm ebenso wie ich aus tiefstem Herzen zustimmen. Denn wir alle, die wir Kinder haben und erziehen,
wissen, in welch intensives Beziehungsgeflecht uns diese kleinen
Menschen ziehen und wie sehr die Ankunft eines neuen Erdenbür-
gers das bisherige Leben verändert.

Als grundsätzliche Botschaft möchte ich Ihnen gerne zurufen:
„Kinder sind das größte Glück auf Erden." Die Liebe erfährt eine
neue Dimension. Es ist ein großes Glück, das doch die meisten frisch-
gebackenen Mütter und Väter mit der Geburt ihres Kindes erleben.
Allerdings ist das moderne Leben einer Familie im 21. Jahrhundert –
auch aufgrund eines immer schnelleren, medialen Umfeldes – eine
besondere Herausforderung, der sich bekanntermaßen immer noch
zu wenige junge Frauen und Männer stellen wollen.

Abgesehen von dem Megathema „Vereinbarkeit von Beruf und
Familie" ist es einfach so, dass jede Mutter eines Säuglings froh ist,
wenn der Ehemann oder eine Freund in das Baby mal für kurze Zeit
hütet, damit ein dringendes Telefonat oder eine Besorgung in Ruhe
erledigt werden kann. Für Eltern eines Kleinkindes ist es schön und
auch wichtig, wenn Großeltern gelegentlich einspringen und ihnen
so einen freien Abend ermöglichen. Berufstätige Eltern, die zwischen
Kindergarten, Schule, Betreuungseinrichtungen und ihrer Arbeit
balancieren, zwischendurch noch Küche und Haushalt stemmen,
sind auf Hilfe angewiesen, brauchen gewissermaßen ein ganzes Dorf,
um ihre Kinder großzuziehen.

Das sind die Koordinaten, zwischen denen sich Mütter, Väter und ihre Kinder bewegen, sozusagen die „Hardware" des Alltags. Was aber ist mit der „Software", den vielfältigen Gefühlen vom Ärger über Freude bis zum Zorn, was ist mit den Sorgen, Ängsten oder gar Nöten? Welche Botschaften werden da transportiert? Wer fängt sie auf und wandelt sie für ein besseres Miteinander, auf dass die Kinder stark werden? Was, wenn wirklich existenzbedrohende Probleme auftreten, eine schwere Erkrankung oder gar der Tod eines Familienmitgliedes zu verkraften ist?

Natürlich sind Kinder selbstständige Individuen, die von klein auf ihre Eigenarten, ihre charakterlichen Dispositionen und vielleicht auch ihre körperlichen Vor- und Nachteile mit auf diese Welt bringen und damit sich selbst und anderen Rätsel stellen. Der Umgang mit Problemen und Niederlagen will gelernt sein. Nicht jedes Kind ist ein Stehaufmännchen, das Enttäuschungen oder Misserfolge mir nichts dir nichts wegsteckt. Wir Mütter und Väter haben schon so manche Träne getrocknet, so manches aggressive Wort versucht zu lindern, so manchen Streit unter Kindern geschlichtet, vermittelt und mit vielen guten Worten auf die kleinen Kontrahenten eingeredet. Und dabei ist eines sicher: Der nächste Streit sowie die nächste kleine Krise kommt bestimmt. Die Herausforderung bleibt, als wären alle vorangegangenen Streitereien nicht gewesen!

Wie können Eltern ihre Kinder gerade im Hinblick auf Enttäuschungen stark machen? Was muss man über das kindliche Gehirn wissen, um Kinder in schwierigen Situationen richtig zu fördern und zu fordern? Wie wichtig ist die Beziehung der Eltern, der Familienmitglieder untereinander? Wie werden Kinder zu stabilen Persönlichkeiten? Auf diese Fragen finden Sie in diesem Buch gute Antworten.

Und ein Aspekt liegt mir als Medienschaffender besonders am Herzen. Allenthalben wird ein Verlust an Werten diskutiert und beklagt, den in der gegenwärtigen Kommunikationsgesellschaft manche Medien mit ihren jeweiligen Qualitätsansprüchen gewiss mitzuverantworten haben. Die heutige Kindergeneration dieses beginnenden dritten Jahrtausends wächst in einem ganz anderen Medienumfeld auf als frühere Generationen. Die Kommunikationswege werden immer schneller, vielfältiger und schwerer überprüfbar. Immer mehr Inhalte, die in der Quantität nicht zu messen und in der Qualität nicht zu bewerten sind, müssen in immer kürzerer Zeit verkraftet werden. Gerade durch mein aktuelles Nachrichtengeschäft, das auch bedeutet, von Kriegen und Katastrophen zu berichten, erlebe ich, dass nicht nur Kinder, sondern auch Erwachsene zunehmend nach Orientierung suchen. Die Gegenbewegung artikuliert sich in Desinteresse oder Ablehnung gesellschaftlicher und politischer Partizipationsangebote, also etwa in Wahlmüdigkeit und schlimmstenfalls im Ausleben negativer Empfindungen, was in Drogenkonsum oder in Gewalt münden kann. So müssen Medienmacher ihrer gesellschaftspolitischen Verantwortung gerecht werden und in einer Form für Bildung und Unterhaltung sorgen, dass der Großteil der Bevölkerung sich mitgenommen fühlt. Medien sind neben Familie, Schule und anderen Betreuungseinrichtungen prägende „Wegweiser" auch für junge Menschen.

Dafür muss der Umgang mit Medien gelernt werden – auch damit Kinder in dieser digitalen Welt lernen, Gutes von Bösem zu unterscheiden, Sinnvolles von Sinnentleertem. Deswegen ist es heute wichtiger denn je, Kindern Werte zu vermitteln. Die Verantwortung dafür liegt in den Familien. Medien können und sollten in der MP3- und Handy-Generation ergänzend, spielerisch eingesetzt werden. Aber nur die Eltern und die Familien können die Basis dafür legen, dass Kinder lernen, sich zurechtzufinden in der digitalen Kommunikationswelt, in dem Dorf, das gebraucht wird, um sie großzuziehen – und im Leben.

Gundula Gause
Nachrichtenmoderatorin, ZDF heute-journal

Begriffserklärung:

Enttäuschung
heißt ursprünglich „eine Täuschung wegreißen"

Enttäuschung ist das Gegenteil von Täuschung. Es ist ein Gefühl, das bei der Beseitigung der Täuschung entsteht, weil sich Hoffnungen und Erwartungen nicht erfüllt haben. Enttäuschungen schlagen sich in Verletzungen der Seele nieder, in Traurigkeit, Verlust der Freude, Niedergeschlagenheit, Hilf- und Hoffnungslosigkeit, aber auch in Ärger, Wut und Angst. Eine Enttäuschung entsteht oft durch den Konflikt zwischen einer Erwartung und dem tatsächlichen Ergebnis. Enttäuschung ist nur möglich nach einer Täuschung durch einen anderen oder einer Selbsttäuschung und wird stets negativ empfunden. Die eigene Erkenntnis oder die Mitteilung durch einen anderen, dass eine Information falsch oder ein positives Gefühl unangebracht war, führt zur Enttäuschung. Besonders schmerzhaft sind Enttäuschungen, wenn sie von einem Menschen verursacht werden, den man sehr liebt oder in den man großes Vertrauen hat. Enttäuschungen können das Bild eines Menschen in ein Negativ verwandeln.

Verwandte Begriffe: gescheiterte Hoffnung, Pech gehabt, Desillusionierung, Dämpfer, Ernüchterung, Fehlschlag, Frustration, Pleite, Hereinfall, Schlag, Ärger, kalte Dusche, Misserfolg, Misslingen, Missvergnügen, Niederlage, Taugenichts, Unglück, Zusammenbruch, Niedergeschlagenheit, Unzufriedenheit, hab 'ne Krise.

Resilienz
von lat. resilire = zurückspringen, abprallen, Abstand nehmen

Der Begriff stammt aus der Biologie und bedeutet dort Spannkraft, Elastizität und Beweglichkeit. Psychotherapeuten und Psychologen bezeichnen damit die seelische und innere Widerstandskraft, die uns Misserfolge, Krisen, Risikosituationen und Niederlagen meistern lässt und Schicksalsschläge zu bewältigen hilft. Resilienz ist der Wille zu überleben. Resilienz ist die Fähigkeit des Stehaufmännchens, wieder aufzustehen.

Kinder und Jugendliche werden als resilient bezeichnet, wenn sie in einem risikobelasteten sozialen Umfeld aufwachsen, das durch Risikofaktoren wie z. B. Armut, Drogenkonsum oder Gewalt gekennzeichnet ist, und sie sich dennoch zu erfolgreich sozialisierten Erwachsenen entwickeln. Bei Kindern und Jugendlichen ist es möglich, Resilienz in Familie, Kindergarten, Grundschule und Sportvereinen mit Hilfe verschiedener Programme zu fördern.

Blaue Enten
Ausdruck, Symbol und Bezeichnung für Enttäuschungen,
Irrlehre und „blauen Dunst"

Der Begriff geht auf eine Predigt von Martin Luther im Jahr 1537 zurück, in der er dieses Bild erstmals benutzte:
„… so wusste ich allmalen so eine artige Lüg-Ente (‚blaw enten') vorzubringen."[1]
Auch die Brüder Grimm erwähnen die blauen Enten:
„… früher hiess es blaue Ente."[2]

---

1 Martin Luther zitiert in Georg Büchmann: Geflügelte Worte, S. 124
2 Jakob und Wilhelm Grimm zitiert in Georg Büchmann: Geflügelte Worte, S. 124

Über dieses Buch

„Fest und stark ist nur der Baum, der unablässig Windstößen ausgesetzt war, denn im Kampf festigen und verstärken sich seine Wurzeln."

Lucius Annaeus Seneca

Ist die Wirklichkeit wirklich wirklich?
Vom Täuschen und Träumen

Für Kinder ist es eine der wichtigsten Erfahrungen in der Familie und in der frühen Erziehung zu lernen, mit Enttäuschungen umzugehen. Enttäuschungen sind das Gegengewicht zu Bindung und Vertrauen. Immer wenn ein Kind eine Enttäuschung erlebt, werden die Bindung und das Vertrauen zu den Eltern und der Umwelt mehr oder weniger stark erschüttert und auf die Probe gestellt. Enttäuschungen sind Beziehungstests und Tests für die eigene Belastbarkeit. Wie stark bin ich? Wie kann ich das überstehen? Wie kann ich lernen, mir selbst zu vertrauen?

Kinder, die früh lernen, mit Enttäuschungen positiv umzugehen, machen einen Reifungsprozess durch, der sie stärkt und selbstbewusster werden lässt. Enttäuschungen machen Kinder kritischer und aufmerksamer. Enttäuschungen schärfen die Wahrnehmung. Durch Enttäuschungen lernen Kinder, tief zu fühlen und tief zu denken. Enttäuschungen erweitern den Erfahrungsschatz der Kinder. Dieses Erfahrungswissen nennt man Intuition. Enttäuschungen schützen am Ende auch vor Selbstbetrug, also Selbsttäuschung. Ich weiß, was ich kann, ich kann meine eigenen Fähigkeiten und Stärken gut einschätzen. Ich weiß, wie ich mich im sozialen Miteinander situationsgerecht verhalten muss. Selbstüberschätzung ist eine häufige Ursache von Verletzung, Unfällen, Misserfolg und täglichem Unglück. Nur wer ent-täuscht wird, kennt die Wahrheit. Enttäuschungen sind ein Weg zur Erkenntnis, dem Wesen der Dinge.

Was heißt Enttäuschung? Eine Täuschung war mit Mittelalter ein Betrug. Täuschen heißt betrügen. Einen Täuschungsversuch bei einer Klassenarbeit haben viele von uns mit einer Sechs bezahlt. Wörtlich genommen meint Ent-täuschung „einen Betrug aufdecken", also die Dinge so zu sehen, wie sie wirklich sind. Enttäuschung ist somit nicht immer schlimm, sondern verschafft einen klaren Blick auf die Wahrheit. Ein Magier und Zauberer, der einen Trick verrät, ent-täuscht seine Zuschauer, wenn sie sehen, wie leicht er sie „betrogen" hat und wie einfach es ist, Menschen zu täuschen. Enttäuschungen sind Tatsachen des Lebens, und sie sind oft bitter, tun weh, machen traurig oder wütend. Am Ende aber sind sie heilsam. Enttäuschungen sind eine Konfrontation mit der Realität und der Wahrheit und bieten somit die Möglichkeit der persönlichen Reifung.

Oft wollen wir in Illusionen leben und uns auch täuschen lassen. Wir wollen manchmal an Täuschungen glauben, weil wir nicht wahrhaben wollen, wie die Wirklichkeit tatsächlich ist. Manchmal möchten wir, dass andere uns etwas vorgaukeln.

Enttäuschungen gehören aber genauso zum Leben wie die Angst. Kinder sind enttäuscht, wenn ihre besten Freunde plötzlich nicht mehr ihre Freunde sind. Kinder sind enttäuscht, wenn Mama und Papa keine Zeit haben, um mit ihnen zu spielen. Kinder sind enttäuscht, wenn ein Mensch krank wird oder sogar stirbt. Und Kinder sind enttäuscht, wenn ihnen der liebe Gott oder das Christkind kein Meerschweinchen schenkt, obwohl sie es sich doch so sehr gewünscht haben. Kinder sind enttäuscht, wenn ihnen das, was sie sich vorgenommen haben, nicht gelingt. Dann werden sie wütend oder aggressiv, traurig und verzweifelt.

In seinen neuen Geschichten hilft Mio Mio Mausebär Kindern, besser und mutiger mit Enttäuschungen umzugehen. Mio hilft ihnen, die Wahrheit zu sehen, auch wenn sie manchmal sehr weh tut. Am Ende hilft Mio Mausebär den Kinder aber auch – trotz aller Enttäuschungen in Familie, Schule und dem sozialen Miteinander –, wieder neue Illusionen aufzubauen, zu staunen, zu träumen und hoffnungsvoll der Zukunft entgegenzuleben.

Träumen heißt übrigens, „einen sehnlichen Wunsch haben".
Das Wort „träumen" stammt nämlich von dem Wort „trügen" ab[3],
und das haben wir oben schon kennen gelernt: (Be)trügen bedeutet
irreführen und täuschen. Trügen hat etwas mit Gespenstern und
Trugbildern zu tun: Die sind „Lug und Trug", lügen und trügen also,
es sind täuschende Bilder. Bergen Traumbilder am Ende vielleicht auch
Enttäuschungen in sich? Nein, Träume sind etwas Herrliches, sie sind
ein Königsweg zu unserem Unbewussten. Träume bilden Ängste und
Wünsche ab. Vor allem können wir in ihnen aber Lösungen finden,
genau wie in Enttäuschungen. Träume und Enttäuschungen geben
Kraft, immer wieder aufzustehen, sich selbst zu vertrauen und an sich
selbst zu glauben.

Man braucht ein ganzes Dorf, um ein Kind großzuziehen.

Aus Afrika

Christian Lüdke und Andreas Becker
Lünen, im Mai 2008

---

3 Duden: Das Herkunftswörterbuch, S. 760

Mio Mausebär und seine Freunde

Mio Mio Mausebär ist ein kleiner Samurai, der sich wünscht, dass alle Kinder fröhlich und glücklich sind. Um ihnen dabei zu helfen, musste er schon so manches Abenteuer bestehen. Immer dabei sind seine Freunde Taschi, Tanto, Luna und Schnittchen. Mit ihnen hat er große Siege gegen die Angstmännchen errungen. Seitdem ist ein Jahr vergangen.

In den neuen Geschichten tauchen neben den Angstmännchen nun die blauen Enten auf, die Kinder enttäuschen, ihnen Misserfolge bescheren, sie kränken und verletzen. Die blauen Enten erschüttern das Vertrauen und den Glauben der Kinder. Mio Mausebär hilft ihnen, durch die Begegnung mit den blauen Enten stark zu werden und innere Kräfte und Selbstwertgefühl zu entwickeln, die die Kinder zu Stehaufmännchen werden lassen.

Mio Mio Mausebär, der kleine Samurai

Der kleine Samurai Mio Mio Mausebär hilft Kindern bei der Bewältigung ihrer Sorgen, Ängste und Enttäuschungen. Mausebär macht die Kinder stark, indem er ihr Selbstbewusstsein wachsen lässt. Er hat zwei Freunde, die ihn auf Schritt und Tritt begleiten. Der eine ist der Tiger Taschi und der andere sein Hund Tanto. Mio Mausebär isst sehr gerne SamuReis, doch am allerlieb-sten isst er SamuReibekuchen. Mio Mausebär setzt sich bedingungslos für die Rechte der Kinder ein. Er hat ein Geheimnisohr, und wenn ein Kind ihm dort etwas hineiner-zählt, behält er es ganz für sich! Kinder sind die liebsten Freunde von Mio Mausebär. Mio Mausebär ist ungefähr so alt wie du!

Taschi, der Tiger

Taschi ist ein Tiger und Mio Mausebärs bester Beschützer. Taschi ist sehr groß, schlau und unglaublich stark. Er ist stärker als 1000 Elefanten! Taschi hat messerscharfe Zähne und kann schneller rennen als der Wind!

Tanto, der Hund

Tanto ist ein Hund und Mio Mausebärs treuester Freund. Er hat ganz spitze Zähne und kann unglaublich gut sehen, fühlen, riechen, schmecken und hören. Das kann er 1000 Mal besser als jeder Mensch.

Schnittchen, das Pferd

Schnittchen ist Mio Mausebärs Pferd. Mit ihm kann er durch Tag und Nacht reiten. Aber das besondere an Schnittchen ist, dass es eine Stute ist, die durch die Luft galoppieren kann. Sie bewegt sich in der Luft genauso leicht wie auf der Erde, nur viel schneller. Ungefähr genauso schnell wie das Licht. Schnittchen kann über Wolken laufen und über Sterne springen, wenn sie will. Niemand hat ein solches Pferd wie Mio Mausebär. Wenn er „Schnittchen, ein Schnittchen" ruft, ist sie sofort zur Stelle.

Luna, der große, weiße Vogel

Luna ist eine alte Freundin von Mio Mausebär: Ein schneeweißer Vogel, sanftmütig und von unglaublich reinem Charakter. Luna ist ein Seelenvogel. Er kann hervorragend fliegen und ist so stark, dass er Kinder sogar durch die Luft zu tragen vermag. Luna trägt die Gefühle der Kinder mit sich.

Schuggi, der Schatz

Schuggi ist ein Schatz, der aus mehreren Gold-stücken (Buschidos) besteht. Die verschiedenen Goldstücke symbolisieren die wichtigsten Dinge, die Kinder und Erwachsene brauchen, um glücklich, harmonisch und friedlich miteinander zu leben.

Buschidos, die Goldstücke

Buschidos sind wertvolle Goldstücke, die man auch „Werte" nennt. Ein Wert ist etwas sehr Wichtiges und – wie der Name schon sagt – etwas Wertvolles. Werte sind sehr hilfreich für die Menschen und bereichern ihr Leben. Leider haben viele Menschen ihre Werte aus den Augen verloren.

Angstmännchen, die Angstmacher

Angstmännchen versuchen, Kinder zu erschrecken und ihnen Angst zu machen. Wenn Angstmänn-chen bei einem Kind auftauchen, sind Mio Mause-bär und seine Freunde Taschi und Tanto sofort zur Stelle und beschützen es. Angstmännchen werden oft von blauen Enten begleitet.

Blaue Enten, die Enttäuschungen

Blaue Enten sind Hindernisse, Misserfolge und Ent-täuschungen. Sie versuchen, Kinder zu täuschen und sie an der Nase herumzuführen. Sie machen Kinder traurig und wütend, weil sie sie enttäuschen, betrügen und anschwindeln. Sie arbeiten mit Tricks und sagen oft nicht die Wahrheit. Manchmal spielen sie Kindern auch einen Streich. Blaue Enten erschei-nen oft ganz plötzlich, ohne irgendein Vorzeichen. Wie aus blauem Himmel.

Wellenmännchen, die Frühwarner

Wellenmännchen sind sehr lieb. Sie sind überall. Wellenmännchen sind durchsichtig wie Wasser. Sie können sich fast lautlos bewegen und jedes Hindernis überwinden. Sie sind mit Mio Mausebär befreundet und daher auch die Freunde der Kinder. Wenn die Wellenmännchen leichteste Erschütterungen in Kinderseelen spüren, geben sie Alarm. Wellenmännchen sind so was wie eine gute Petze. Kinder können die Wellenmännchen sehen, Erwachsene nicht!

Yumi und Yari, die Paten

Yumi und Yari sind zwei Paten. Paten sind so etwas wie Ersatzeltern oder Zweiteltern. Sie helfen den Kindern, wenn die richtigen Eltern nicht da sind oder wenn sich kein Erwachsener liebevoll um ein Kind kümmern kann.

Fledi und Spinni, die Schlafbewacher

Fledi und Spinni sind zwei hilfreiche Wesen, die Kinder über ihr Bett wünschen können, wenn sie Angst vor bösen Träumen haben. Fledi ist eine Fledermaus und Spinni eine Spinne. Beide zusammen können böse Träume fangen und vernichten.

Grübchen, das Buch der Kinder

Vor langer, langer Zeit war es bei den Japanern und deren Urvätern und Urmüttern üblich, dass sich die Kinder eines Dorfes jede Woche einmal zusammensetzten, um zu beratschlagen, wie sie mit ihren Eltern gemeinsam lernen könnten, mit Enttäuschungen und Konflikten in der Familie umzugehen. Die Ergebnisse dieser wöchentlichen Beratungen wurden in dem Buch der Kinder aufgeschrieben. Eines dieser Bücher ist erhalten geblieben. Es heißt Grübchen und befindet sich im Besitz vom kleinen Samurai Mio Mausebär. Grübchen ist relativ klein, aber beim Aufschlagen bestimmter Themen erscheinen auf ganz wundersame Weise bei dem jeweiligen Kapitel immer mehr und neue Seiten für Eltern und Kinder, über die das Thema dann weiter vertieft wird.

Geschichten zum Thema Enttäuschung

Der Hallo-wach-Effekt:
Enttäuschungen machen hellwach!

Erster Teil (für Kinder bis 6 Jahre)

*Mein nagelneuer Roboter
wird heute programmiert.
Noch sssteht er da
ssstumpfssssteif und ssstumm.
Mal sehen was passiert ...*

Nils

Gespenster und Räuber

Mio Mausebär, Schnittchen, Taschi und Tanto spielten auf einer Wiese
fangen. Sie rannten, sprangen und lachten, dass es nur so schallte.
Plötzlich blieb Taschi stehen und spitzte die Ohren. Es wurde mucks-
mäuschenstill. Taschis Fell sträubte sich, er konnte fühlen, wie ein
kleiner Junge zitternd und bibbernd vor Angst in seinem Bettchen saß.
Sekunden später machten sich die vier Freunde auf den Weg zu Nils.

Schnittchen wartete vor dem Haus von Nils Eltern, während Mio
Mausebär, Taschi und Tanto ins Kinderzimmer gingen. „Hallo, Mause-
bär", sagte Nils, „da bist du ja! Ich bin so froh, dass du bei mir bist!
In mein Zimmer kommen ständig Gespenster und, ich glaube auch
Räuber, die mir mein Spielzeug stehlen wollen." Taschi und Tanto
konnten genau spüren, dass Nils sie nicht anschwindelte.

Durch das Knurren und Fauchen von Taschi und Tanto waren die
Eltern von Nils aufgewacht. Sie kamen ins Zimmer und waren zwar
etwas überrascht, als sie die nächtlichen Besucher sahen, aber sie
begrüßten Mausebär freundlich. Dann sagten sie, Nils solle sich nicht

so anstellen. „Es gibt keine Gespenster", meinte die Mama und der
Papa sagte: „Das ist völliger Quatsch!" Nils widersprach und wieder-
holte mit ängstlicher Stimme, dass schon seit langem immer wieder
Gespenster und Räuber in sein Zimmer kämen. „Ganz bestimmt,
Mama, ich habe die Gespenster genau gesehen. Und Räuber waren da
auch. Die wollten mir meinen nagelneuen Roboter stehlen."

Doch seine Eltern schüttelten nur den Kopf und sagten, er solle jetzt
weiter schlafen. Aber das konnte Nils beim besten Willen nicht. Plötzlich quakte es – und eine blaue Ente watschelte vor Nils im Zimmer
umher. Während die Ente laut vor sich hin quakte, dachte Nils, dass
Mama und Papa lügen, wenn sie sagen, dass es keine Gespenster
gibt. Schließlich hatte er sie doch mit eigenen Augen gesehen. Die
Ente nickte mit dem Kopf. Nils fühlte sich von seinen Eltern alleine
gelassen und war sehr froh, dass Mausebär, Taschi und Tanto bei ihm
waren. „Ich habe Angst vor den Gespenstern, Mio Mausebär, bitte,
hilf du mir, ja?! Und außerdem nervt mich diese blaue Ente mit ihrem
ständigen Gequake."

Mio Mausebär sagte Taschi und Tanto, dass sie keinen Millimeter von Nils Seite weichen sollten. Dann bat er die Eltern von Nils, mit ihm ins Wohnzimmer zu gehen und über die Sache zu sprechen. Nils Eltern waren einverstanden, weil sie nicht wussten, wie sie ihrem Jungen helfen konnten. Während Nils mit Taschi und Tanto im Kinderzimmer blieb, gingen Mio Mausebär und die Eltern hinunter ins gemütliche Wohnzimmer. Mio Mausebär erklärte den Eltern, was es mit den Gespenstern auf sich hatte und schlug vor, sie sich gemeinsam anzusehen, wo die Gespenster nun schon mal da waren. Die Eltern guckten etwas ungläubig, waren aber mit dem Vorschlag von Mausebär einverstanden.

Gemeinsam gingen sie wieder ins Kinderzimmer von Nils. Der hatte in der Zwischenzeit Bilder von den Gespenstern und den Räubern gemalt. „Taschi hat mir gesagt, dass schlimme Träume keine Gespenster sind, sondern Gefühle, die in mir sind und raus wollen. Deshalb habe ich ein Bild für Taschi und Tanto gemalt. Meine Gefühle sehen aus wie Gespenster," sagte Nils, „und meistens tauchen die Gespenster auf, wenn ich mich am Tag so richtig geärgert habe und wütend bin. Manchmal kommen die Gespenster auch, wenn ich mich alleine fühle oder glaube, dass Mama und Papa mich nicht verstehen. Dann bin ich total enttäuscht."

Die Eltern von Nils waren sehr erstaunt. So hätten sie das noch nie gesehen, meinten sie, und dass Nils wohl Recht habe. „Entschuldige bitte, Nils!", sagten sie. „Wir haben dir nicht geglaubt, dass du die Wahrheit gesagt hast. Aber jetzt verstehen wir dich. Alles, was du gesagt hast, stimmt. Es tut uns leid, dass wir dir nicht geglaubt haben. Entschuldigung!" Nils freute sich über die Antwort seiner Eltern, und im selben Augenblick löste sich die blaue Ente laut quakend in Luft auf.

Dann sahen sich alle gemeinsam die Bilder von Nils und den Gespenstern an. „Schau mal, Nils, kannst du an dem Gespenst vielleicht auch etwas Schönes entdecken?", fragte Mio Mausebär. „Ja", sagte Nils, „das Gespenst lacht ja ganz fröhlich. Ich glaube, es fühlt sich auch manchmal alleine und kommt dann immer zu mir. Und die Räuber sind seine Freunde und begleiten es." „Ja, das glaube ich auch", sagte Mausebär, „und ich glaube, es fühlt sich eingeschlossen, wie in einem Gefängnis. Weißt du was, Nils? Wenn du das Gespenst befreist, wirst du mit einem Schatz belohnt."

„Mit einem Schatz?", fragte Nils, „Was denn für ein Schatz?"
„Du wirst schon sehen. Das nächste Mal, wenn das Gespenst kommt, sprichst du mit ihm und sagst, dass du ihm helfen willst, es zu befreien. Sprich mit dem Gespenst, aber gehorche ihm nicht. Nimm nichts vom Gespenst an. Tu nichts, was es sagt. Du musst ihm sagen, was es tun soll. Lass es vorangehen. Behalte das Gespenst immer im Blick, lass es nicht aus den Augen. Alles, was wir sehen können, hat

keine Macht mehr über uns. Wenn du es so machst, wird es dein Glück sein. Und fürchte dich nicht vor den blauen Enten. Die tun wirklich nichts."

Nils lachte und sagte: „Dann ist das Gespenst ja so etwas wie mein nagelneuer Roboter. Den kann ich auch fernsteuern!" „Ja, genau", kicherte der Mausebär. Und auch die Eltern von Nils mussten lachen. „Du kannst das Gespenst fernsteuern, und es wird alles genau so machen, wie du es ihm sagst." „Dann brauche ich ja gar keine Angst mehr vor ihm zu haben!", freute sich Nils. Nun konnte er beruhigt einschlafen.

Ein paar Wochen später besuchte Mausebär Nils und seine Eltern. Die waren überglücklich. Sie erzählten Mio Mausebär, dass Nils ganz oft mit dem Gespenst gesprochen und es nie aus den Augen gelassen habe. Eines Nachts hatte Nils das Gespenst gefragt, was er denn tun könne, um es zu befreien. Das Gespenst antwortete: „Du brauchst nur das Fenster zu öffnen und das Licht anzumachen. Dann bin ich frei." Als Nils das gemacht hatte, flog das Gespenst durch das Fenster davon. Es lachte vor Freude und bedankte sich bei Nils, weil er ihm geholfen hatte, seine Freiheit zu finden.

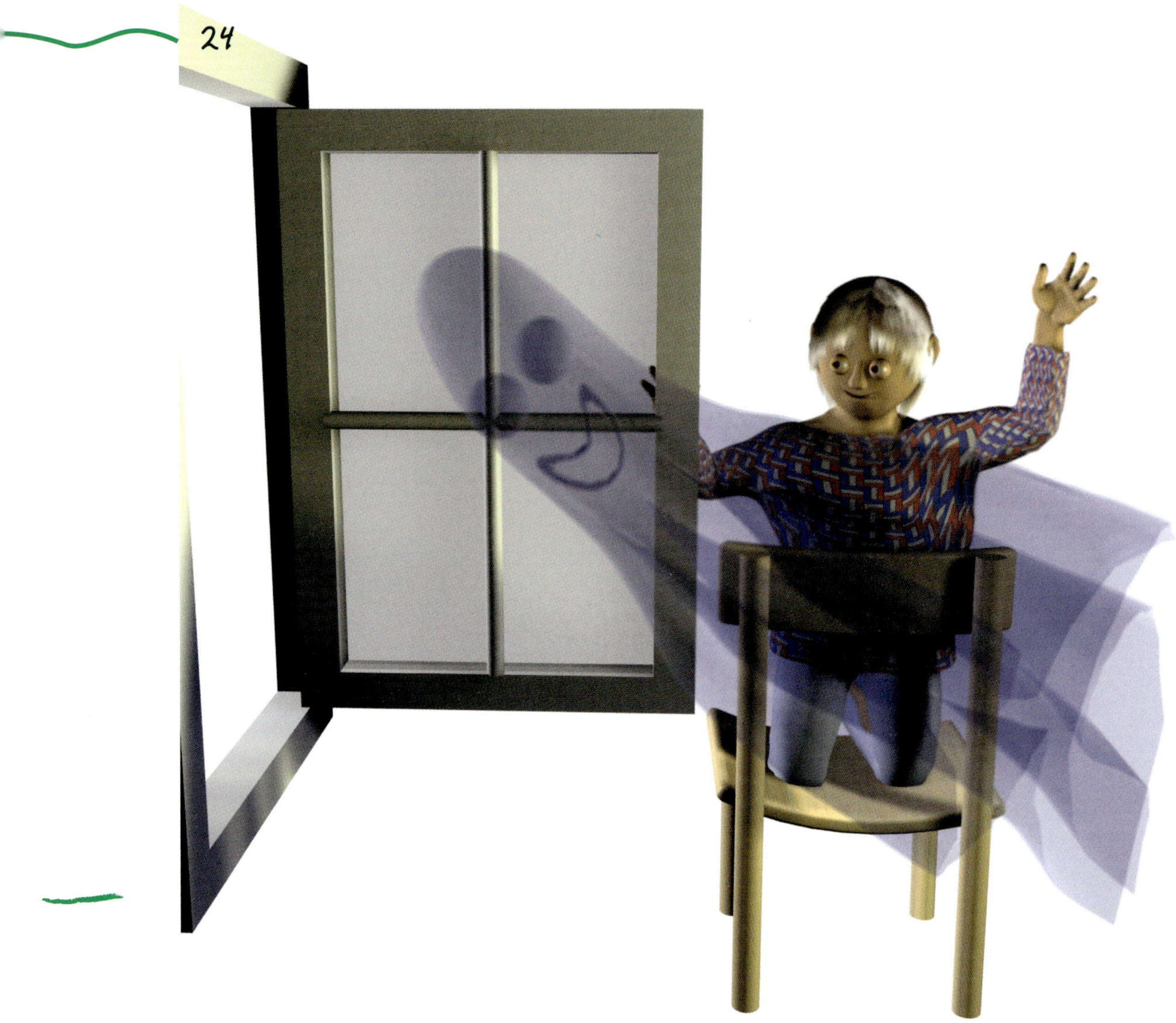

In diesem Moment fühlte sich Nils so stark und voller Selbstvertrauen wie noch nie zuvor in seinem Leben. Und dann begriff er, dass dies der Schatz war, den er zur Belohnung erhielt. Nils hatte den Schatz gefunden, der mit ganz viel Kraft, Stärke und Selbstvertrauen gefüllt ist. Von diesem Abend an kamen das Gespenst und die Räuber nie mehr wieder, und Nils war sehr glücklich.

Mio Mausebär freute sich darüber, was die Eltern erzählten und sagte: „Nils war sehr hilfsbereit. Und Hilfsbereitschaft ist sehr wichtig im Leben. Wer anderen Menschen hilft, hilft damit auch sich selbst und wird sehr stark und glücklich."

... aber jetzt mal in echt

Benedikt

Fremdeln

„NEIN, Papa, du sollst nicht zur Arbeit gehen, bleib hier!",
schrie Benedikt ganz laut und fing an zu weinen, als Papa sich
verabschieden wollte, um zur Arbeit zu fahren. Ähnlich war es bei
der Mama. Als sie zur Arbeit gehen wollte, klammerte sich Benedikt
mit aller Kraft an ihr Bein und wollte sie einfach nicht loslassen.
„Aber Benedikt, was ist denn?", fragte Mama, „Gleich kommt doch
Opa und passt auf dich auf." „NEIN, ich will nicht zu Opa!", rief
Benedikt und flehte seine Eltern an: „Ihr sollt nicht weggehen."

Jedes Mal, wenn Benedikt morgens beim Abschied so weinte, versuchten die Eltern, ihm zu erklären, dass Papa und Mama zur Arbeit gehen müssen, um Geld zu verdienen, damit sie immer etwas zu essen kaufen können und Geld haben für den Urlaub, für Kleidung, Spielsachen und andere Dinge. Aber Benedikt ließ sich nicht beruhigen. Im Gegenteil. Je mehr seine Eltern versuchten, ihm zu erklären, dass sie nun gehen müssen, desto mehr Angst bekam Benedikt.
Und plötzlich tauchte eine dicke, fette, blaue Ente vor ihm auf.

„Nein, ihr dürft nicht weggehen, lasst mich nicht alleine", schrie Benedikt. Je öfter Papa sagte, dass er nun ganz dringend ins Büro müsse, umso lauter schnatterte die blaue Ente und versuchte sogar, Benedikt ins Bein zu zwicken. Benedikt weinte sich fest und schluchzte aus tiefstem Herzen. Er war einfach nur noch enttäuscht und verstand nicht, dass Mama und Papa zur Arbeit gehen müssen.

Irgendetwas machte Benedikt sehr große Angst, etwas, was er nicht in Worte fassen konnte. Schließlich weinte er so heftig, dass er gar nicht mitbekam, dass in der Zwischenzeit sein Opa eingetroffen war. Aber auch von ihm wollte Benedikt sich nicht beruhigen lassen. Er wollte nur zu seinem Papa. Benedikts Weinen war herzzerreißend. Als seine Eltern schließlich aus dem Haus gingen, hatten sie ein schlechtes Gefühl, weil es ihnen leid tat, Benedikt weinend mit dieser blauen Ente zurückzulassen.

Später, in einer Pause, riefen sie den Opa an und erfuhren zu ihrer Freude, dass sich Benedikt wieder beruhigt hatte und dann auch in den Kindergarten gegangen war. Abends, als Mama und Papa nach Hause kamen, freute sich Benedikt umso mehr. Er umarmte sie ganz fest und wollte sie gar nicht mehr loslassen. Allerdings wollte er dann auch nicht alleine ins Bett gehen, weil er wieder Angst davor hatte, sich von Papa und Mama zu trennen. Und immer, wenn Benedikt dann irgendwann völlig erschöpft in seinem Bett lag, tauchten die kleinen Angstmännchen auf und brachten viele kleine blaue Enten mit.

Die kleinen blauen Enten machten Benedikt Angst vor jedem Menschen, der nicht Mama oder Papa war. Aber da war auch ein

Wellenmännchen in Benedikts Zimmer. Weil das Wellenmännchen Benedikts Angst vor Fremden spüren und das Geschnatter der blauen Entchen sehr gut hören konnte, gab es Mio Mausebär ein ganz vorsichtiges Zeichen, zu ihm zu kommen. Denn immerhin war Mausebär für Benedikt ja auch ein Fremder, und das Wellenmännchen wollte nicht, dass Benedikt sich vor Mio Mio fürchtete.

Als Mio Mausebär kurze Zeit später am Haus von Benedikts Eltern eintraf, schickte er Tanto und Taschi zuerst zu Benedikt, denn vor Tieren hatte der eigentlich keine Angst. Außer vor diesen kleinen Enten. Benedikt freute sich, den Hund und den Tiger zu sehen. Tanto begann sofort, mit Benedikt zu spielen, während Taschi die blauen Entchen und die Angstmännchen anfauchte und sie im Nu vertrieben hatte. Beim Spielen mit Tanto vergaß Benedikt schon bald seine Angst. „Ich hätte auch gerne einen Hund", sagte er zu Tanto, und der erwiderte: „Ich kann ja mal mit Mio Mausebär sprechen und ihn bitten, mit deinen Eltern zu reden." „Würdest du das wirklich machen, Tanto?" „Na klar! Mio Mio wartet draußen, wenn du willst, rufe ich ihn herein." Benedikt war einverstanden.

Bald darauf saß Mio Mausebär bei Benedikt im Zimmer. Schnell fasste Benedikt Vertrauen zu Mio Mausebär. Sie unterhielten sich über Hunde und darüber, dass Benedikt auch gerne einen kleinen Hund hätte. Mausebär versprach Benedikt, mit seinen Eltern zu reden, denn er wusste von einer Frau, die Möpse züchtet und einen Hund abgeben wollte. „Möpse sind ganz tolle Hunde für Kinder", sagte Mausebär, „ich werde mal mit deinen Eltern reden."

Benedikt freute sich, und weil er Mausebär vertraute, erzählte er ihm noch etwas in sein Geheimnisohr, nämlich, dass er vor einiger Zeit ein schlimmes Erlebnis hatte. „Was ist denn passiert?", fragte Mausebär. „Ja, weißt du, Mio, es ist ein paar Monate her, da stand ich mit meiner Mutter und meiner Schwester Farina am Bahnhof. Mama ist mit uns zu einer Mutter-Kind-Kur gefahren. Auf eine Insel, ganz weit weg von Papa. Beim Abschied sah ich, wie Papa auf dem Bahnsteig geweint hat. Als ich Papa weinen sah, musste ich auch weinen und fing an zu schreien. Ich war völlig verzweifelt, weil ich von Papa fort musste und Angst hatte, ich würde ihn nie wieder sehen. Ich war enttäuscht, weil ich geglaubt hatte, dass wir immer und ewig zusammen sein würden."

Mausebär sagte zu Benedikt: „Weißt du was? Du reitest mit Schnittchen und Tanto zu der Frau mit den Möpsen, und ihr schaut euch die Welpen an. Ich werde inzwischen mit deinen Eltern reden, vielleicht bekommst du doch einen eigenen Hund." „Au ja", freute sich Benedikt, „das machen wir!" Als Schnittchen mit Benedikt und Tanto losritt, blieb Taschi im Zimmer, und Mio Mausebär ging zu Benedikts Eltern.

Die staunten nicht schlecht, dass Benedikt ohne zu weinen mit Schnittchen und Tanto weggeritten war. Und Mio Mausebär war völlig überrascht, als Benedikts Mutter plötzlich sagte: „Ich habe auch das Gefühl, dass es ganz gut für Benedikt wäre, wenn er einen eigenen Hund hätte." Mausebär freute sich, dass sie so dachte, denn Hunde lieben Kinder bedingungslos. Ein Hund ist ein toller Freund und Spielkamerad und erleichtert einem Kind auch den Umgang mit fremden Menschen.

In diesem Augenblick hörten Mio Mausebär und Benedikts Eltern plötzlich ein seltsames Geräusch. Es hörte sich ein wenig an wie das Schnarchen von Opa, aber der war ja gerade nicht da. Als sie noch rätselten, woher dieses merkwürdige Geräusch kam, öffnete sich die Zimmertür, und ein kleiner schwarzer Mops kam schwanzwedelnd, prustend, schnarchend und schnaufend hereingelaufen. „Ist der süß!", rief Benedikts Mama entzückt. „Meinst du mich, Mama?", lachte Benedikt laut. „Aber jetzt mal in echt, Mama, ihr könnt ruhig zur Arbeit gehen, ich habe gar keine Angst, denn ich habe ja jetzt einen Hund, und Opa ist ja auch noch da. Und wo Hunde sind, da sind keine blauen Enten, sagt Mio."

Tanto spielte noch ein Weilchen mit dem Mops, bis er müde war, dann machte er sich mit Taschi, Schnittchen und Mausebär auf den Heimweg. Benedikt war sehr glücklich und ging an diesem Abend ganz alleine ins Bett. Nur der kleine Mops Mampfred dackelte hinter ihm her, in der Hoffnung, in Benedikts Bettchen schlafen zu dürfen.

Beim Wort nehmen: Was man verspricht, muss man auch halten!

Eva

Ärger und Verzweiflung

„Was man verspricht, muss man auch halten"! Das hatte der Papa von Eva immer wieder gesagt. „Versprochen ist versprochen und wird nicht gebrochen!" Nun stand die kleine Eva am Fenster und wartete. Papa wollte sie doch um vier Uhr abholen und mit ihr schwimmen gehen. Jetzt war es schon fünf Uhr. Und von Papa nichts zu sehen. Nur eine blaue Ente, die sich still und leise neben Eva setzte. Eva wurde immer trauriger und enttäuschter. Papa hatte sein Versprechen schon wieder nicht gehalten.

Eva konnte ein Wellenmännchen sehen. „Du bist sehr enttäuscht, Eva, und traurig, nicht wahr?", sagte das Wellenmännchen. Eva nickte nur leise mit dem Kopf und zeigte auf die blaue Ente an ihrer Seite. „Ich werde Mio Mausebär mal ein Zeichen geben, damit er zu dir kommt." Schon wenig später kam Mio Mausebär auf Schnittchen angeritten. Zusammen mit dem Wellenmänchen trösteten sie Eva. „Das ist ziemlich gemein, was dein Papa mit dir macht", sagte Mausebär. „Immer wieder bricht er seine Versprechen, aber von dir erwartet er, dass du sie hältst. So geht das nicht weiter. Wellenmännchen, du bleibst bei Eva, und ich werde mich mal auf den Weg zu ihrem Papa machen. Und die blaue Ente nehme ich gleich mit." Mio Mausebär machte sich auf den Weg und fand den Vater von Eva, wie er noch immer an seinem Schreibtisch im Büro saß und arbeitete.

„Sie haben Ihre Tochter vergessen und Ihr Versprechen gebrochen",
sagte Mio Mausebär zu dem völlig erstaunten Vater. „Eva ist sehr enttäuscht von Ihnen und verzweifelt. Sie hatte sich so darauf gefreut,
schwimmen zu gehen, und nun ist es wieder zu spät." Mio Mausebär
drückte Evas Papa die blaue Ente in den Arm und setzte sich mit ihm
hin. „Sie müssen Ihre Versprechen halten", sagte Mausebär.
Evas Papa bekam ein ganz schlechtes Gewissen. Ihm wurde klar,
wie sich Eva nach all seinen gebrochenen Versprechen fühlen musste.
Er wusste, dass er Eva sehr enttäuscht und einen Teil seiner Freundschaft mit ihr verspielt hatte.

„Was soll ich denn nun machen, Mausebär?", fragte Evas Papa.
„Zu allererst sollen Sie sich bei Eva dafür entschuldigen, dass Sie
Ihre Versprechen gebrochen haben. Dann sollen Sie nur Dinge ver-
sprechen, die Sie auch wirklich halten können. Und verlangen Sie von
Eva keine Versprechen, die sie nicht halten kann. Evas Papa verstand,

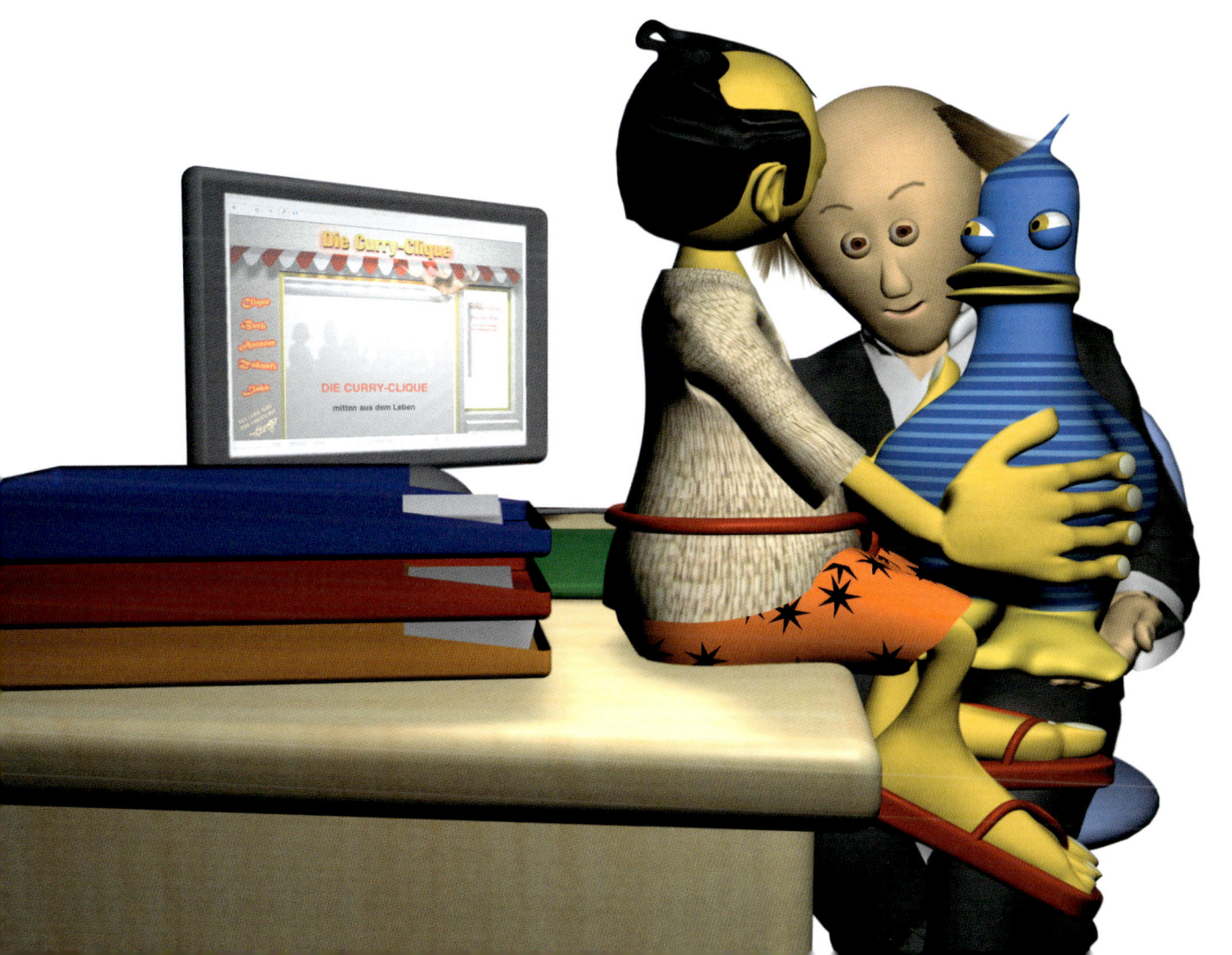

was Mio Mausebär ihm erklärte, und sagte: „Mio Mausebär, ich verspreche dir, dass ich mich jetzt sofort bei Eva für mein Verhalten entschuldigen werde!"

Evas Papa ließ alles stehen und liegen und machte sich mit Mio Mausebär auf den Weg nach Hause. Eva spielte gerade und unterhielt sich dabei mit dem Wellenmännchen, das ihr Papa aber nicht sehen konnte. Als der Papa Eva ganz fest umarmen und drücken wollte, bemerkte er, dass er noch die blaue Ente im Arm hielt, die nun anfing, ganz laut zu schnattern. „Es tut mir leid, Eva", entschuldigte sich Papa, „dass ich dich so oft enttäuscht habe. Ich werde dir jetzt nur noch Versprechen geben, die ich auch halten kann. Mir ist klar geworden, dass ich durch mein Versprechen auch Dankbarkeit für deine Liebe, Hilfe und Freundschaft zeige. Du musst ja gedacht haben, dass ich dich nicht mehr richtig lieb habe. Das tut mir sehr leid."

Mio Mausebär sagte zu Eva und ihrem Papa: „Verantwortungsbewusstsein ist sehr wichtig im Leben. Weil wir dem anderen damit deutlich machen, dass er sehr wichtig ist und wir ihn sehr lieb haben." Und er fügte hinzu, dass wir über Versprechen lernen, Gefühle einzuschätzen, ob etwas von Herzen kommt oder nur eine leere Geste ist. Versprechen lassen Kinder und Erwachsene reifen.

Warum das Herz beim Pipimachen nicht rausfällt

Theresa

Krankheit und Schmerz

„Auaaa!", schrie Theresa mit einem spitzen Schrei auf. Im gleichen Augenblick floss ihr schon das Blut über das Gesicht. Was war geschehen? Theresas Mutter hatte einen Moment lang nicht aufgepasst. Sie hatte nicht gemerkt, dass Theresa neben ihr stand, als sie die hintere Autotür mit einem kräftigen Ruck öffnete. Rumms, machte es, und die Tür schlug an Theresas Kopf. Aus der Platzwunde strömte das Blut über Theresas Gesicht. Theresa war starr vor Schreck und fing an zu schreien.

Theresas Papa kam aufgeregt aus dem Haus gerannt, nahm sie sofort auf den Arm und drückte sie ganz fest an sich. Dann fuhren sie gemeinsam und ziemlich schnell ins nächste Krankenhaus, in die Notaufnahme der Unfallambulanz. Dort wurde die Wunde von einem Notarzt gereinigt. Das tat sehr weh, musste aber sein, damit sich die Wunde nicht entzündet. „Die Wunde ist zu groß, um von alleine zu heilen", sagte der freundliche Doktor.

„Ich muss die Wunde nähen, aber vorher muss ich dir noch eine Spritze geben, damit es nicht weh tut." Obwohl Theresa Angst und Schmerzen hatte, war sie sehr tapfer und weinte nicht, auch nicht, als die Wunde mit ein paar Stichen genäht wurde. Hinterher spendierten Mama und Papa Theresa zum Trost ein riesengroßes Eis. Nach zwölf Tagen wurden die Fäden gezogen, aber das kitzelte nur ein wenig.

Einige Zeit später, als die Wunde schon wieder verheilt war, stürzte Theresa mit ihrem Roller so unglücklich, dass sie mit dem Gesicht und dem Mund auf den Lenker prallte. Wieder strömte das Blut, und es tat sehr weh. Was aber noch schlimmer war: Durch den Sturz hatte sich ein Schneidezahn gelockert. Weil es ein Sonntag war, musste Theresa mit ihren Eltern zum Not-Zahnarzt.

Der Zahnarzt sah sich die Verletzung an und machte ein ernstes Gesicht. „Theresa, du musst jetzt sehr tapfer sein", sagte er. „Der Zahn ist so schwer verletzt, dass ich ihn leider ziehen muss." Vor Schreck fing Theresa an zu weinen, und die Schmerzen wurden noch stärker. Außerdem flatterte eine blaue Ente vor ihr herum und schlug wie wild mit ihren Flügeln.

Die Verletzung war so folgenschwer, dass der Zahnarzt Theresa keine Betäubungsspritze geben konnte. Er musste den Zahn ohne Betäubung ziehen. Theresa war wirklich sehr tapfer, konnte aber ihre Tränen nicht zurückhalten. Leise sagte sie zu ihrer Mama: „Staun´ mal, Mama, jetzt bist du stolz auf mich!" Das war Theresas Mama ganz bestimmt. Am nächsten Tag bekam Theresa von ihren Eltern als Trost eine wunderschöne Puppe geschenkt.

In der folgenden Zeit tauchten jedoch immer häufiger kleine Angstmännchen auf, wenn Theresa Roller oder Fahrrad fahren wollte. Außerdem versperrten ihr dauernd blaue Enten den Weg.
Die blauen Enten waren so gemein zu Theresa, dass sie bald gar keine Lust mehr hatte, Fahrrad zu fahren. Aber die blauen Enten tauchten auch auf, wenn Theresas Schwester oder jemand anderes in der Familie krank wurde oder sich einfach mal in den Finger geschnitten hatte.

Immer mehr blaue Enten kamen zu Theresa, zum Beispiel, wenn sie Ohrenschmerzen bekam oder Fieber hatte. Theresa war das richtig unheimlich, und sie fürchtete sich sehr.

Eines Abends, als besonders viele Enten und Angstmännchen bei Theresa erschienen waren, kam Mausebär mit Taschi und Tanto vorbei. Taschi und Tanto wollten sich gleich auf die blauen Enten und die Angstmännchen stürzen, um sie aufzufressen, aber Mio Mausebär rief sie zurück: „Halt, ihr beiden, bleibt bei mir. Das sind keine bösen Enten und Angstmännchen. Das sind Enten und Angstmännchen, die von alleine wieder verschwinden." Taschi und Tanto blieben stehen.

„Die blauen Enten und die Angstmännchen gehen wieder von alleine weg?", fragte Theresa ungläubig. „Ja, ganz bestimmt", erwiderte Mausebär. „Nur ein wenig Geduld, und du wirst sehen, wie sie von ganz alleine wieder verschwinden. Und schau sie dir ruhig genau an,

du kannst den meisten Enten und Angstmännchen ansehen, woher sie gekommen sind. Und wenn du weißt, woher sie gekommen sind, dann weißt du auch, wohin sie wieder verschwinden werden." Während Mausebär Theresa noch weiter von den blauen Enten und den Angstmännchen erzählte, die bei Schmerzen und Krankheiten auftauchen können, konnte Theresa beobachten, wie sie allmählich verschwanden: Eine Ente nach der anderen watschelte langsam aus dem Zimmer... Mio Mausebär sagte: „Vor den blauen Enten brauchst du dich nicht zu fürchten. Sie verschwinden fast so schnell wieder, wie sie aufgetaucht sind, genau wie Schmerzen. Blaue Enten und Schmerzen gehen fast immer von ganz alleine wieder weg."
Theresa strahlte. „Ja, Mausebär, du hast Recht. Jetzt sind alle Enten und Angstmännchen wieder verschwunden." Theresa kuschelte mit Taschi und Tanto, als Mausebär zu ihren Eltern ging, um ihnen noch etwas aus Grübchen vorzulesen.

Sie waren so ins Gespräch vertieft, dass sie gar nicht bemerkten, dass Theresa nach einiger Zeit zu ihnen ins Zimmer kam. „Und warum fällt das Herz beim Pipimachen nicht aus dem Bauch?", rief sie plötzlich dazwischen. Die Eltern und auch Mio Mausebär guckten sich völlig verwundert an. Dann erklärte Theresa ihnen: „Das Herz fällt beim Pipimachen nicht raus, weil im Bauch ein Gummibaum ist, an dem sich das Herz festhält. Das Herz ist gut. Es hat Hände und Beine, Augen und Ohren und Ohrlöcher für Ohrringe. Der Gummibaum ist da aber nicht, weil man so viel Kaugummi runtergeschluckt hat. Nein. Er ist einfach da. Auch Pipi und Aa halten sich am Gummibaum fest, lassen sich aber ab und zu los. Nur das Herz nicht. Das hält sich weiter fest." Mio Mausebär, die Eltern und auch Taschi und Tanto mussten so arg lachen, dass ihnen nach einer Weile vom Lachen der ganze Bauch wehtat. Und draußen vor dem Haus bekam sogar Schnittchen einen Lachkrampf.

Ich habe nur für dich geträumt

Sarah

Albträume

Sarah wachte jeden Morgen mit starken Zahnschmerzen auf. Auch wenn sie Süßigkeiten aß oder etwas sehr Warmes oder sehr Kaltes trank, taten ihr die Zähne weh. Das war schon seltsam, denn Sarah putzte sich regelmäßig die Zähne. Aber der Zahnarzt konnte bei der Untersuchung nichts feststellen. Er sagte, dass alles in Ordnung sei. Allerdings fiel ihm auf, dass die Oberfläche von Sarahs Zähnen ziemlich zerkratzt war.

„Knirscht du manchmal nachts mit den Zähnen?", wollte er von Sarah wissen. „Das weiß ich nicht, da schlafe ich doch", antwortete Sarah. „Aber ich weiß es", sagte Margaretha, die Mama von Sarah. „Manchmal kommt Sarah nachts zu uns ins große Bett gekrabbelt, und dann knirscht Sarah so laut mit den Zähnen, dass wir davon aufwachen und nicht mehr schlafen können. Manchmal klappert sie auch mit den Zähnen oder presst sie ganz fest zusammen."

„Das ist der Grund für deine Zahnschmerzen", sagte der Zahnarzt zu Sarah. „Wenn du nachts ganz tief schläfst, knirscht und klapperst du mit den Zähnen, so dass sie dir am nächsten Tag wehtun. Du bekommst jetzt von mir eine Beißschiene, die du abends in den Mund steckst, damit deine Zähne geschützt werden und nicht mehr aufeinander reiben." Sarah war froh, dass ihr der Zahnarzt helfen konnte, doch so ganz verstand sie nicht, was er ihr erklärte.

Klar, die Zähne tun weh, wenn man nachts darauf herumknirscht, aber warum sie das macht, hatte ihr der Zahnarzt nicht gesagt. Sarah ging mit verwirrten Gedanken nach Hause, und unterwegs sah sie immer wieder diese blaue Ente. Am Abend nahm sie die Beißschiene in den Mund und fand das ganz schön komisch. Aber einschlafen konnte sie nicht. Sie dachte die ganze Zeit darüber nach, warum sie wohl mit den Zähnen knirschte, obwohl sie das ja gar nicht wollte. Und sie musste an die blaue Enten denken, die sie an dem Tag so oft gesehen hatte.

Irgendwann fielen Sarah vor lauter Müdigkeit die Augen zu. Mitten in der Nacht schreckte sie dann aber plötzlich aus dem tiefsten Schlaf hoch und war ganz außer Atem. Sie hatte sich so erschrocken, dass sie vor Angst einen lauten Schrei ausstieß. Sofort kam ihre Mama ins Kinderzimmer gelaufen und nahm Sarah in den Arm. „Was ist denn passiert?", wollte ihre Mama wissen. „Ich weiß es nicht. Ich habe ganz schlimm geträumt", sagte Sarah und zitterte noch immer. „Von riesigen, blauen Enten, die mich fangen und fressen wollten. Und dann wollte ich wegrennen, kam aber nicht vom Fleck weg. Und auf einmal stand ich an einem Abgrund und fiel hinunter. Dann bin ich aufgewacht und musste schreien."

Margaretha nahm Sarah noch fester in den Arm. „Du hast ganz schlecht geträumt und einen Albtraum gehabt", erklärte ihr die Mama. „Ich will jetzt aber nicht mehr schlafen, weil dann wieder diese bösen Monsterenten kommen", sagte Sarah. „Du musst aber schlafen, Sarah, morgen ist Schule, und du bist sonst zu müde." „Nein, Mama, ich will nicht schlafen. Diese wilden Enten kommen fast jede Nacht. Aber ich will nicht, dass sie in meine Träume kommen."

„Komm ganz nah und fest in meinen Arm", sagte die Mama, „ich will dir mal eine Geschichte erzählen, die Geschichte von Mio Mio Mausebär." „Von Mio Mio Mausebär?", fragte Sarah ganz erstaunt. „Ja, Mio Mausebär ist ein kleiner Samurai und ein Freund der Kinder. Er beschützt Kinder, wenn ihnen die blauen Enten Angst machen und sie Angstmännchen begegnen. Mio Mausebär kommt auf seinem Pferd Schnittchen ganz schnell zu den Kindern, die ihn brauchen. Und Mausebär hat immer seine beiden Freunde Taschi und Tanto bei sich, die ihm helfen, die Angstmännchen und die wilden Enten zu vertreiben."

„Dann kann er mir ja auch helfen, wenn ich wieder die Albträume habe", sagte Sarah. „Ja, das kann er. Wenn du einschläfst und die blauen Enten in deinem Traum erscheinen, rufst du ganz laut ‚Schnittchen, ein Schnittchen', dann kommt der Mausebär", erklärte Margaretha. „Au ja, das mache ich", sagte Sarah. Kurze Zeit später schlief Sarah ganz ruhig im Arm ihrer Mama ein.

Mitten im Traum tauchten dann wieder die riesigen Enten auf, aber Sarah erinnerte sich, was ihre Mama gesagt hatte, und rief ganz laut ‚Schnittchen, ein Schnittchen' – und im Nu war Mio Mausebär mit seinen Freunden da. Sarah konnte im Traum beobachten, wie Taschi und Tanto die blauen Enten verscheuchten, während sie sicher auf Schnittchens Rücken saß und über Wolken und Sterne galoppierte. Nicht eine einzige Ente war mehr zu sehen und auch kein Angstmännchen, als Sarah am nächsten Morgen völlig ausgeruht und ausgeschlafen aufwachte. Sofort sprang sie aus dem Bett und rannte hinüber zu Mama und Papa, um ihnen von dem Traum und von Mio Mausebär zu erzählen.

Doch im Flur stolperte Sarah plötzlich über etwas, das aussah wie
das Fell von einem Tiger, und landete mit einem Plumps vor zwei
haarigen Pfoten. In ihrem Gesicht spürte Sarah etwas, das sich
anfühlte wie die kalte, nasse Nase eines Hundes. Als sie aufsah,
um herauszufinden, wo sie gelandet war, schleckte ihr auch schon
jemand mit einer riesigen und sehr nassen Zunge durch das Gesicht.
„Hallo, Sarah, ich bin Tanto", hörte sie den Hund vor ihr sagen.
„Und was so aussieht wie das Fell von einem Tiger, ist ein Tiger",
lachte Taschi. „Wir sind die Freunde von Mio Mausebär", sagten
beide wie aus einem Mund. „Ja, ja", schmunzelte Sarah „und jetzt
fehlt nur noch, dass Schnittchen draußen im Garten steht und mit
mir eine Runde reiten will."

„Ganz genau", lachten Taschi und Tanto. „Das will ich sehen", rief
Sarah vor lauter Freude und rannte nach draußen in den Garten.
Tatsächlich. Dort stand Schnittchen und lud Sarah ein, eine Runde
mit ihr zu reiten. „Au ja", jauchzte Sarah und sprang mit einem Satz
auf Schnittchens Rücken. „Du kannst ganz schnell und hoch in den
Himmel reiten, denn ich habe noch meinen Traumanzug an, in dem
ich geschlafen habe." Sarah war sich nicht sicher, ob sie tatsächlich
schon aufgewacht war oder ob dies immer noch ein schöner Traum
war. „Egal", dachte sie, „es ist schön, auf Schnittchens Rücken über
die Wolken zu springen" und genoss es sehr.

In der Zwischenzeit saß Mio Mausebär mit Sarahs Eltern am Frühstückstisch. Während die beiden Brötchen aßen und Kaffee tranken, las ihnen Mio Mausebär aus Grübchen, dem Buch der Kinder, vor. Darin stand, dass Kinder immer mal wieder Albträume haben und dass dies ganz normal und gar nicht so schlimm sei. „Träume sind wie viele bunte Bilder, die alles das noch einmal im Schlaf zeigen, was die Kinder in der letzten Zeit erlebt haben. Wenn Kinder dabei etwas erlebt haben, was sie nicht verarbeitet haben, wiederholen sich die Träume so oft, bis alles wieder in Ordnung ist. In den Träumen der Kinder geschehen nicht nur schöne Dinge, sondern es können manchmal auch böse Tiere, Monster und Ungeheuer auftauchen oder ganz schlimme Dinge im Traum passieren. Das nennt man dann Albtraum. Während Mio Mausebär den Eltern vorlas, merkten sie überhaupt nicht, wie die Zeit verging.

Es war schon Abend, als Sarah auf Schnittchen angeritten kam. Fröhlich erzählte sie ihren Eltern, was sie mit Schnittchen alles erlebt hatte. Sarah war von diesem aufregenden Tag sehr müde, deshalb schlief sie nach dem Abendessen ganz schnell und glücklich ein. Sie schlief so tief und fest, dass ihr Papa sie am nächsten Morgen wecken musste. Als Sarah aufwachte und ihr Papa sie leise fragte, wie sie denn geschlafen habe, antwortete sie freudestrahlend: „Ich habe nur für dich geträumt. Und blaue Enten gibt es in meinen Träumen nicht mehr."

Papa, ich male dir heute ein Bild, damit du immer weißt, wie die Welt aussieht!

Max

Lernen und Schule

Max redete nicht, jedenfalls fast nicht. Und wenn er etwas sagte, dann nur das Allernötigste. Und wenn es Max zu laut wurde, hielt er sich einfach die Augen zu. Das war aber nicht immer so. Erst seitdem er in die Schule ging, also seit ein paar Wochen, hatte sich sein Verhalten verändert. Aber auch nicht sofort, sondern erst nach und nach.

Der erste Schultag war ein wunderschöner Tag gewesen. Max hatte einen prächtigen Schulranzen und eine noch schönere Schultüte bekommen. Über die hatte er sich ganz besonders gefreut.
Max Eltern waren da gewesen und seine Großeltern, Oma Kiki und Oma Lola, Opa Otto und Opa Mani. Auch Max Patentante Uschi und sein Patenonkel Hermann waren zur Einschulung gekommen.
Und natürlich Tante Edelgard.

Zunächst ging Max sehr gerne in die Schule. Dann aber fing er morgens an herumzutrödeln, kam nicht mehr aus dem Bett und weinte auch hin und wieder. Max sagte immer häufiger, er habe Bauchweh und Kopfschmerzen. Dann fing er an, Bedingungen zu stellen, zum Beispiel, sein Opa solle während des Unterrichts draußen vor der Schule warten. Max Eltern wussten sich keinen Rat, sie erklären ihm nur immer wieder, dass man einfach zur Schule gehen muss.

„Max verfolgt den Schulunterricht sehr konzentriert und löst alle Aufgaben wirklich ganz ausgezeichnet", sagte die Klassenlehrerin kürzlich den Eltern. Weiterhin sagte sie, dass Max sich auch an alle Regeln in der Klasse halten würde. Die Eltern standen vor einem Rätsel. Sie fragten sich, warum er dann so wenig redete und warum er nicht mehr gerne in die Schule ging.

In der Folgezeit wurde Max immer öfter vom Schulleiter nach Hause geschickt, weil er im Unterricht die Hände vor die geschlossenen Augen hielt. Max konnte überhaupt nicht verstehen, warum er das nicht tun sollte. Denn mit geschlossenen Augen konnte er doch viel besser hören, was die Klassenlehrerin erzählte. Aber der Schulleiter schimpfte mit Max, und seine Eltern mussten ihn mehrmals von der Schule abholen. „Warum tun Sie das Ihrem Kind nur an?", fragte der Schulleiter die Eltern. Doch die verstanden nicht, was er meinte, und fragten sich umgekehrt, warum der Schulleiter das Max antat, statt sich richtig um ihn zu kümmern.

Max erbrachte alle Leistungen, die von ihm verlangt wurden. Nur wenn die anderen Kinder in der Klasse zu laut wurden, herumschrieen oder wild tobten, dann schloss er die Augen, um der Lehrerin besser zuhören zu können. Max war traurig, weil er sich doch so auf die Schule gefreut hatte. Und eigentlich wollte er ja auch gerne in die Schule gehen. Immer öfter schloss Max seine Augen, und immer länger hielt er sie geschlossen. Deshalb konnte er auch die Wellen-männchen nicht sehen, die schon seit einiger Zeit heimlich in der Klasse saßen und am Unterricht teilnahmen.

Wellenmännchen sind überall. Auch in Schulklassen. Kinder können die Wellenmännchen sehen, Erwachsene und Lehrer können das nicht. Immer, wenn die Kinder in der Klasse die Wellenmännchen sehen, freuen sie sich und lachen. Wellenmännchen passen auf Kinder auf und bekommen sofort mit, wenn ein Kind traurig ist, blaue Enten auftauchen oder wenn Angstmännchen in seiner Nähe sind.

Als es neulich zur Pause klingelte und die Kinder zum Toben auf den Schulhof gingen, blieb Max an seinem Platz sitzen und hielt die Augen geschlossen. Was Max nicht wusste, war, dass auch ein Wellen-männchen die Pause genutzt hatte, um blitzschnell Mio Mausebär mit Taschi und Tanto ins Klassenzimmer zu holen. Schnittchen wartete vor dem Schulhof, um die anderen Kinder nicht beim Spielen und Toben abzulenken.

Als Max plötzlich Schritte hörte, glaubte er, dass wieder der Schul-leiter käme, um ihn nach Hause zu schicken. „Rate mal, wer hier ist?", fragte plötzlich eine Stimme. „Das rätst du nie!" Max erkannte die Stimme von Mio Mausebär nicht, war sich aber sicher, dass das jemand von der Schulleitung sein müsse. Wer sonst sollte zu ihm ins Klassenzimmer kommen und sich um ihn kümmern?! Also hielt er seine Augen weiter geschlossen. „Du denkst bestimmt, ich bin ein Lehrer", fuhr Mausebär fort. „Bin ich aber nicht. Ich gehöre gar nicht zu dieser Schule und bin selbst auf eine ganz andere Schule gegangen. Am Eingang zu meiner Schule standen zwei Löwen aus Stein. Deshalb nannten die Kinder sie Leoschule. Leo kommt aus dem Lateinischen und heißt Löwe."

Max kam das komisch vor, was er da hörte, und wunderte sich.
Aber er ließ die Augen geschlossen. „Und weißt du, wen ich hier
noch bei mir habe?", fragte Mausebär. „Bestimmt den Löwen Leo
von der Leoschule," sagte Max aus Spaß. Mausebär musste laut
lachen. Max musste mitlachen, und durch das Lachen öffneten sich
seine Augen ein wenig. Nur einen Spalt breit. Als er Taschi, den Tiger,
sah, riss Max vor lauter Freude seine Augen ganz auf und jauchzte:
„MAUSEBÄR! Wie schön, dass du da bist!"

Taschi und Tanto saßen auf zwei Schulbänken. Das sah schon
ziemlich komisch aus. „Ist das hier etwa auch eine Hundeschule?"
fragte Max, als er Tanto neben Taschi sitzen sah. Der fing lauthals an
zu bellen. „Weißt du was, Max?", sagte Mio Mausebär. „Wir reiten
jetzt gemeinsam auf Schnittchen zu deinen Eltern. Und dann fragen
wir sie, ob du mal auf die Leoschule gehen darfst. Wenn deine Mama
und dein Papa einverstanden sind, kannst du nach den Ferien dort
in die Schule gehen." „Au ja!", rief Max glücklich. „Das will ich
gerne machen."

Mausebär sagte zu Max, er solle jetzt mal „Schnittchen, ein Schnittchen" rufen. Das ließ sich Max nicht zweimal sagen. Aus Leibeskräften rief Max: „Schnittchen, ein Schnittchen!" Max rief so laut, dass es sogar der Schulleiter hören konnte. Der glaubte, Max habe Hunger und lief zu dem Klassenzimmer. Als er die Tür öffnete, sah er aber nur, wie der überglückliche Max zusammen mit Mausebär auf Schnittchen davonritt. Der Schulleiter begriff wieder einmal gar nichts. Und weil der Schulleiter immer noch guckte wie ein Fragezeichen, bellte ihn Tanto an: „Manche Menschen sehen mit offenen Augen weniger als andere mit geschlossenen Augen hören."

Kurze Zeit später war Max zu Hause angekommen. Fröhlich rief er seinen Eltern zu: „Ich mache jetzt meine Hausaufgaben. Und Taschi und Tanto wollen mir ein bisschen dabei helfen." Max Eltern waren sehr verwundert, weil sie ihn schon lange nicht mehr so fröhlich gesehen hatten. Sie konnten erst gar nicht glauben, was sie da sahen. Doch dann las Mausebär den Eltern aus Grübchen vor, und um Mausebär besser und aufmerksamer zuhören zu können, schloss Max Vater die Augen. Als Mausebär zu Ende gelesen hatte, kam Max ins Zimmer und sah seinen Vater mit geschlossenen Augen und den Händen vor dem Gesicht dasitzen.

„Papa!", rief Max eindringlich. „Du musst die Augen aufmachen, Papa, sonst kannst du gar nicht sehen, wie schön die Welt ist. Und weißt du was, Papa? Ich male dir heute ein Bild, damit du immer weißt, wie die Welt aussieht! Und nach den Ferien gehe ich in die Leoschule!" „Und ich in die Tigerschule", rief Taschi. „Und ich in die Hundeschule", rief Tanto. „Und ich in die Pferdeschule", wieherte Schnittchen. „Ja genau", lachte Mio Mausebär, „es gibt für jeden die richtige Schule!"

Zweiter Teil (für Kinder ab 7 Jahre)

Ich hab mich ganz doll lieb!

Leander

Freundschaft und Freude

Leander und Peter waren Freunde. Gute Freunde sogar. Bis zu dem Tag, als sie sich zerstritten. Und das kam so: Peter hatte Leander sein neues Fahrrad geliehen. Freunde leihen sich eben immer mal wieder gegenseitig etwas. Peter hatte das Fahrrad von seinen Eltern zum Geburtstag geschenkt bekommen. Allerdings ging Leander nicht sehr pfleglich mit dem geliehenen Fahrrad um, obwohl er es versprochen hatte. Im Gegenteil, weil er nicht aufgepasste, verursachte er sogar einen schweren Sturz.

Dabei wurden der Gepäckträger und ein Schutzblech ziemlich verbogen, im Vorderrad war ein Achter, und der Rahmen hatte einige Schrammen abbekommen. Statt Peter aber die Wahrheit zu sagen,

log ihn Leander an. Er sagte, er habe das Fahrrad an einem Parkplatz abgestellt, und dann sei ein Auto dagegen gefahren. Beinahe hätte ihm Peter die Geschichte geglaubt.

Wenn da nicht Oliver gewesen wäre, ein anderer guter Freund von Peter. Oliver hatte beobachtet, wie Leander mit Peters Rad stürzte, und erzählte Peter später davon. Der war natürlich total sauer, weil Leander ihn angelogen hatte. Aber als er ihn zur Rede stellte, log Leander immer weiter. Es kam zu einem sehr heftigen Streit, der damit endete, dass Peter sagte, er wolle nichts mehr mit Leander zu tun haben.

Leander ging traurig nach Hause, weil er wieder einen Freund verloren hatte, und an seiner Seite watschelte eine blaue Ente. Er fühlte sich sehr einsam und versuchte, sich mit einem Computerspiel abzulenken. Aber seine Gedanken drehten sich immerzu in seinem Kopf, und die blaue Ente, die ihm bis in sein Kinderzimmer gefolgt war, wich nicht von seiner Seite.

Warum klappte es nicht mit seinen Freundschaften? Und warum hatte er immer das Gefühl, an allem schuld zu sein? Seine Eltern konnte er nicht fragen, denn die hatten keine Zeit für Leander, weil sie so viel arbeiten. Wenn sie jetzt auch noch erfuhren, dass er das Fahrrad von Peter kaputt gemacht hat, würde er mächtig Ärger mit ihnen bekommen.   In Leanders Umgebung war niemand, mit dem er hätte sprechen können, deshalb fühlte er sich sehr allein. Nur die blaue Ente war bei ihm, die ganze Zeit.

Zum Glück machte ein Wellenmännchen Mio Mausebär auf Leander aufmerksam. Kurze Zeit später war Mausebär mit seinen Freunden bei Leander. Leander erzählte Mio Mausebär, was geschehen war, und dass er Angst habe, Freundschaften einzugehen, da diese ja doch immer zerbrechen würden. Leander hatte auch Angst davor, sich zu freuen, und konnte es gar nicht genießen, wenn es ihm einmal gut ging. Weil Leanders Eltern aber nicht da waren und sich auch wenig um ihn kümmerten, sagte Mio Mausebär: „Das ist ein Fall für die Paten Yumi und Yari. Tanto und Schnittchen, lauft bitte los und bringt die beiden hierher." Sofort machten sich Tanto und Schnittchen auf den Weg, um Yumi und Yari zu holen.

Taschi, der Tiger, legte sich inzwischen vor die Füße von Leander, der ihn so bequem streicheln konnte. Die Ente verkrümelte sich augenblicklich. „Dein Fell fühlt sich sehr weich und warm an, Taschi, und es ist schön, dich zu streicheln," sagte Leander, und Taschi genoss es, ein wenig gekrabbelt zu werden. Mio Mausebär erzählte Leander, dass es wichtig ist, Freunde zu haben und dass Kinder Freunde brauchen. „Nur wer Freunde hat, ist in schwierigen Situationen nicht allein und nicht schwach", erklärte Mio Mausebär.

Als Leanders Eltern nach Hause kamen, bat Mio Mausebär sie direkt um ein Gespräch. Er erklärte ihnen, warum Leander so oft traurig ist und seine Freundschaften auseinanderbrechen. Außerdem erzählte Mausebär, dass die Paten Yumi und Yari ihnen und Leander vielleicht helfen könnten. Leanders Eltern sahen ein, dass sie sich viel zu wenig um Leander gekümmert hatten. „Leander, das wollen wir sofort verändern", versprachen sie. „Und es wäre toll, wenn Yumi und Yari als deine Paten uns dabei helfen würden." „Das machen wir sehr gerne", riefen Yumi und Yari und stiegen in diesem Augenblick von Schnittchens Rücken. Taschi war vom ganzen Krabbeln eingeschlafen und schnurrte ganz leise.

Mio Mausebär wandte sich noch einmal an Leander: „Du musst dich jetzt aber noch bei Peter dafür entschuldigen, dass du sein Fahrrad kaputt gemacht und ihn angelogen hast. Sage ihm, dass es dir sehr leid tut und dass du ihn um Entschuldigung bittest. Wir kommen auch alle mit." Leander war es nicht sehr wohl bei dem Gedanken, und er hatte ein mulmiges Gefühl im Bauch. Weil aber Mio Mausebär, seine Eltern und auch die Paten mit dabei waren, konnte er seine Angst vor dem Gespräch mit Peter überwinden. „Er wird dir schon nicht den Kopf abreißen", fauchte Taschi, der inzwischen aus seinem Tiefschlaf aufgewacht war. „Tanto und ich kommen auch mit, und Schnittchen besorgt in der Zwischenzeit eine neue Felge für das Vorderrad. Wir reparieren dann gemeinsam das Fahrrad von Peter." Kurze Zeit später klingelte es an der Haustür von Peter. Der war ziemlich überrascht, als Leander vor ihm stand und sich bei ihm entschuldigte. „Ist schon gut, Leander!", sagte er. „Komm rein! Wir vertragen uns wieder." Leander standen vor Freude Tränen in den Augen, denn er hatte nicht damit gerechnet, dass Peter ihn wieder als Freund akzeptieren würde. „So, und jetzt gehen wir alle in die Garage und reparieren das Fahrrad von Peter", rief Leander seinen Freunden zu. „Und am Wochenende machen wir alle gemeinsam eine Fahrradtour", versprachen Leanders Eltern. „Vielleicht kommen Peters Eltern ja auch mit."

„Nur Taschi und Tanto dürfen nicht mitfahren", rief Mio Mausebär dazwischen, „die haben nämlich keinen Daumen zum Klingeln!"

Alle lachten aus vollem Herzen und freuten sich, dass Leander und Peter wieder Freunde waren. „Und wisst ihr was, Mama und Papa?", rief Peter seinen Eltern aufgeregt zu. „Ab heute habe ich mich selbst ganz doll lieb! Und ich bin sehr froh, dass ich so gute Freunde habe. Ich bin euch allen sehr dankbar, das werde ich euch nicht vergessen." „Dankbarkeit ist sehr wichtig im Leben", sagte Mio Mausebär, bevor er auf Schnittchen stieg und mit seinen Freunden Taschi und Tanto wieder loszog, „denn Dankbarkeit ist das Gedächtnis des Herzens. Und vergiss nicht, Leander, gute Freunde sind wie Sterne in der Nacht. Manchmal sind sie hinter Wolken verborgen, aber du weißt, sie sind da. Immer wieder da für dich!" „Ja, genau", rief Leander Mio Mausebär und seinen Freunden zu, „wer Freunde in der Not hat, der hat Freunde fürs Leben!"

Zeit, Zuwendung und Zärtlichkeit

Peter

Gewalt, Aggression und seelische Verletzung

„PETER, komm sofort von der Bahnsteigkante weg!", ruft Peters Mutter laut und ärgerlich. Peter reagiert nicht. „PEEETER, du sollst sofort von der Bahnsteigkante wegkommen!" Immer noch keine Reaktion. Peters Mutter geht zu ihm hin und reißt ihn mit einem Ruck am Arm zurück. „Willst du unbedingt auf die Gleise fallen? Willst du sterben? Bist du eigentlich wahnsinnig? Ist dir klar, wie oft es passiert, dass Kinder auf die Gleise fallen und vom Zug zermalmt werden, nur weil sie zu nahe da vorne gestanden haben? Willst du das? Mhhh? Willst du das? Hast du schon mal gesehen, wie man aussieht, wenn man da unten liegt? Glaub ja nicht, dass der Lokführer dich noch sehen würde oder bremsen könnte!"

Peters Mutter schreit und schreit und ist völlig außer sich. Peter bleibt in der Nähe seiner Mutter stehen, aber er schaut sie nicht an. Er schaut in die entgegengesetzte Richtung, als wäre sie nicht seine Mutter. Peter hat keine Angst vor dem Zug, sondern vor der Wut seiner Mutter. Aber Peter ist auch wütend auf seine Mutter. Er hat Angst und ist wütend zugleich. In seiner Fantasie stellt er sich vor, wie seine Mutter vom Zug auf die Gleise gesaugt und zermatscht wird. Seine Mutter hat ihm Angst eingejagt. Und sie hat ihn aggressiv gemacht. Beides zugleich. Innerlich schimpft Peter auf seine Mutter. Und dann schnattert da noch so eine dumme blaue Ente herum.

Wenig später, beim Verlassen des Bahnhofs, stolpert Peters Mutter über die Ente und stürzt eine Treppe hinunter. Sie tut sich sehr weh und hat viele blaue Flecken. Abends, als Peter in seinem Bett liegt, tauchen plötzlich mehrere blaue Enten und Angstmännchen in seinem Zimmer auf. „Peter, du bist schuld, dass deine Mutter die Treppe runtergeflogen ist und sich sehr wehgetan hat. Das ist nur passiert, weil du am Nachmittag im Bahnhof wütend auf sie gewesen bist." Peter liegt ganz steif in seinem Bett und traut sich kaum noch zu bewegen. Immer mehr Angstmännchen tauchen in seinem Zimmer auf und reden auf ihn ein. „Peter, du bist böse!" „Peter, du hast es verdient, dass dich deine Mutter verhaut!" Aber Peter versteht überhaupt nichts mehr. Er wird immer stiller und stiller. Peter versucht, über die Stimmen der Angstmännchen wegzuhören und über sie hinwegzusehen. Aber selbst wenn er die Augen schließt, tauchen sie wieder und wieder vor seinem inneren Auge auf. Angstmännchen, nichts als Angstmännchen und blaue Enten. Es sind viele, viel zu viele.

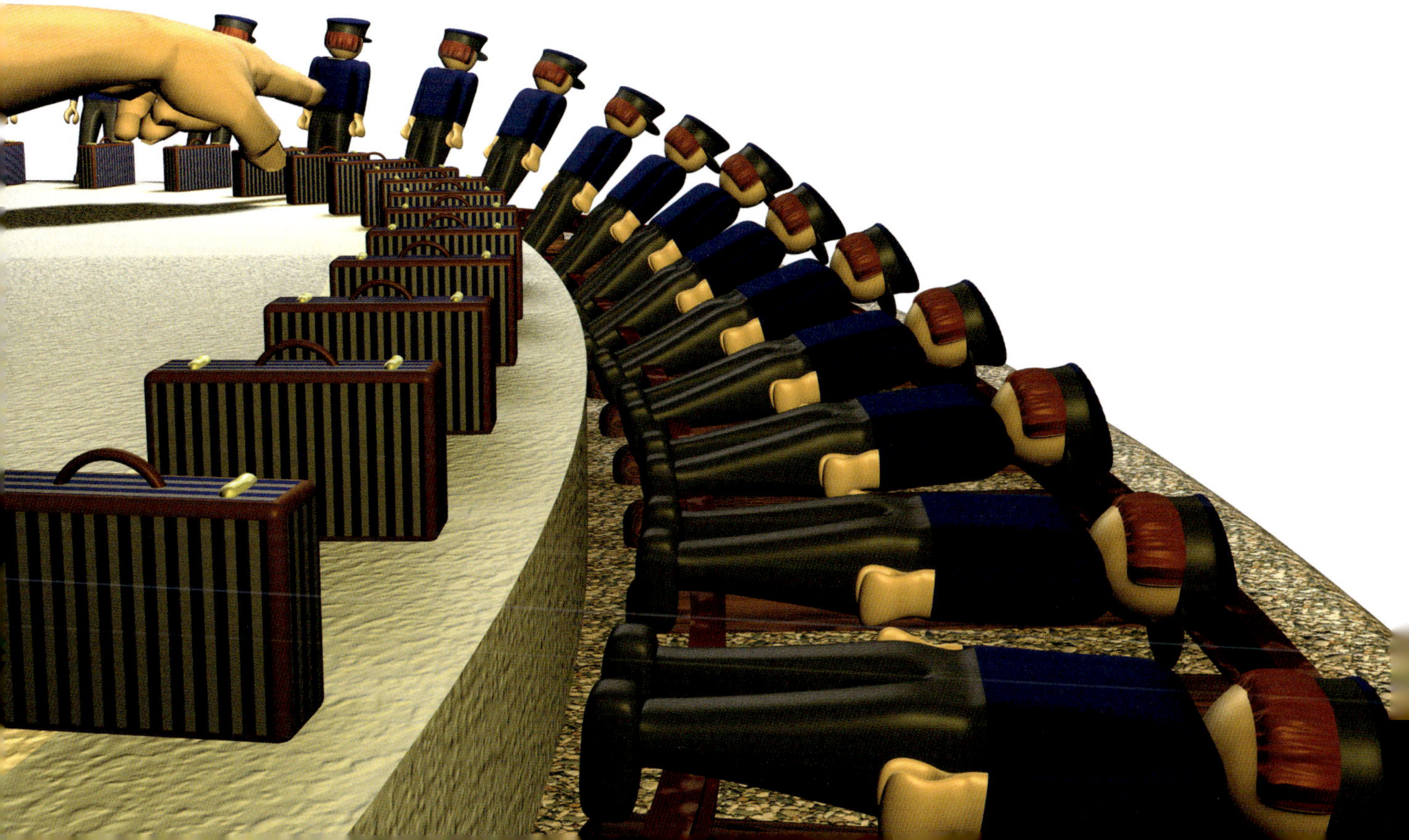

In den nächsten Tagen spielt Peter mit seinen Playmobil-Figuren ständig die Situation vom Bahnhof nach. Immer wieder stürzen die Männchen vor den herannahenden Zug. Dabei werden sie jedes Mal

zerstört. Und immer wieder spürt Peter das Gefühl von Wut in seinem Bauch. Er kann nicht aufhören, dieses Spiel zu wiederholen und dabei immer wieder die gleiche Angst und die gleiche Wut zu empfinden.

In den folgenden Wochen versucht Peter, seine Erinnerungen an die Situation am Bahnhof dadurch zu bekämpfen, dass er in seiner Fantasie Rache an seiner Mutter nimmt. Seine Wut lässt Peter aber nicht an seiner Mutter aus, weil er Angst vor ihrer Wut hat. Peter beginnt, seine Wut an anderen Kindern auszulassen. Er ärgert andere Kinder, nimmt ihnen die Spielsachen weg, stört sie beim Spielen und fängt an, andere Kinder zu schlagen. Peter wird immer aggressiver. Auf der anderen Seite wächst seine Angst, weil seine Mutter immer öfter Drohungen ausspricht: „Ich zähle jetzt bis drei. Wenn du dann nicht endlich machst, was ich sage, dann … Eins, zwei und die letzte Zahl heißt drrrrrrei."

Die Spannung steigt für Peter ins Unerträgliche. Der Druck in ihm wird immer größer. Peter fängt an, seine Mutter zu provozieren. Er sagt Schimpfwörter zu ihr, beleidigt sie und tut nichts mehr von dem, was sie sagt. Es scheint, als könnten sich die beiden nie wieder vertragen.

Und jeden Abend kommen scharenweise Enten und Angstmännchen in Peters Zimmer. Immer geben sie ihm die Schuld an allem. Je mehr Angstmännchen und Enten auftauchen, umso wütender wird Peter, umso größer werden seine Rachefantasien gegen seine Mutter, umso größer wird seine Angst, dass am nächsten Abend noch mehr Angst-männchen auftauchen könnten. Peters Arme tun weh und seine Beine auch. Er fühlt sich wie gelähmt und kann sich kaum bewegen. Alles tut weh.

Peter kann nicht einschlafen.

Um sich abzulenken, macht Peter immer wieder heimlich den Fern-seher an, obwohl die Mutter ihm das verboten hat. Im Fernsehen laufen aber keine schönen Filme, sondern immer wieder diese schrecklichen Bilder: Flugzeuge, die in einen Wolkenkratzer rasen,

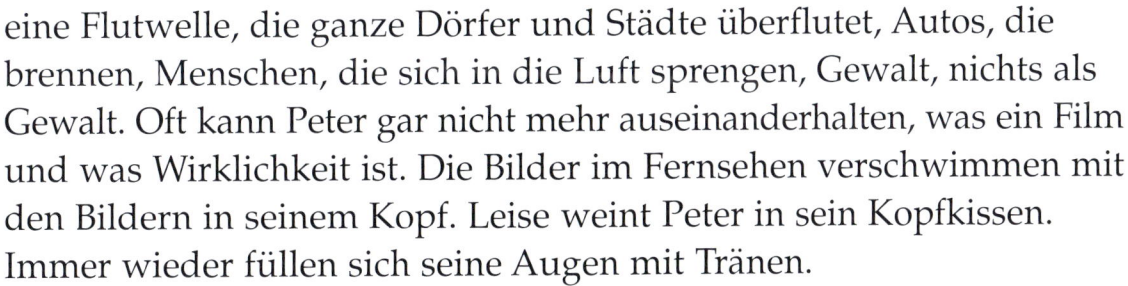

eine Flutwelle, die ganze Dörfer und Städte überflutet, Autos, die brennen, Menschen, die sich in die Luft sprengen, Gewalt, nichts als Gewalt. Oft kann Peter gar nicht mehr auseinanderhalten, was ein Film und was Wirklichkeit ist. Die Bilder im Fernsehen verschwimmen mit den Bildern in seinem Kopf. Leise weint Peter in sein Kopfkissen. Immer wieder füllen sich seine Augen mit Tränen.

Durch die Tränen sieht Peter eine verschwommene, fast durchsichtige Gestalt zwischen den vielen Angstmännchen. Plötzlich erkennt er, dass dies kein Angstmännchen, sondern ein Wellenmännchen ist. Peter macht sofort den Fernseher aus. Das Wellenmännchen setzt sich zu Peter ans Bett und beugt sich schützend über ihn. In diesem Augenblick gibt es einen lauten Knall, die Zimmertür fliegt auf, und ehe sich Peter versieht, stürmen Taschi und Tanto ins Zimmer. Sie stürzen sich auf die blauen Enten und die Angstmännchen, die plötzlich sehr böse und aggressiv werden. Taschi und Tanto müssen sich sehr viel Mühe geben, um die Horde Enten und Angstmännchen zu vertreiben.

Dem Wellenmänchen gelingt es in dem Trubel, Peter unbemerkt aus dem Zimmer zu bringen, hinunter ins Wohnzimmer, wo Mio Mausebär mit Peters Mutter sitzt. Als die Mutter Peter sieht, springt sie sofort auf und nimmt ihn in die Arme. Das Wellenmänchen ist für sie unsichtbar. Peter ist ganz durcheinander und zittert. Er ist froh, dass Mama und auch Mio Mausebär da sind. Nachdem Taschi und Tanto alle Angstmännchen verjagt haben, kommen auch sie ins

Wohnzimmer und legen sich vor Peter auf den Teppich. Peter freut sich, setzt sich zu ihnen und streichelt beide.

Streicheln beruhigt und tut so gut. „Ich will auch gestreichelt werden", hören sie Schnittchen auf einmal von draußen rufen. Peter lacht und geht mit Taschi und Tanto zu Schnittchen. Peter streichelt Schnittchen. „Sollen wir ein bisschen Tiereraten spielen?", fragt Tanto. Peter will wissen, wie das geht. „Ganz einfach", sagt Tanto. „Taschi und ich, wir malen mit unseren Pfoten auf deinem Rücken und auf Schnittchens Rücken Bilder und Eigenarten von Tieren. Wer von euch beiden zuerst rät, welches Tier es ist, bekommt einen Punkt. Wer am Ende die meisten Punkte hat, gewinnt und bekommt eine Zugfahrt in den Zoo geschenkt."

Während Peter, Taschi, Tanto und Schnittchen völlig in das Ratespiel vertieft sind, sitzt Mio Mausebär bei Peters Mutter im Wohnzimmer und unterhält sich mit ihr.

„Aber das Allerwichtigste, was Kinder brauchen", ruft Schnittchen von draußen, „sind die drei großen Zett: Zeit, Zuwendung und Zärtlichkeit!" Peter hat beim Tiereraten mit Schnittchen gewonnen und freut sich. „Aber beim nächsten Mal spielen wir Rodeo. Dann darfst du dich mit Taschi und Tanto auf meinen Rücken setzen. Ich springe und buckle dann herum, und wer von euch am längsten auf meinem Rücken sitzen bleibt, gewinnt." Peter, Taschi und Tanto lachen und schütteln alle drei den Kopf. „Nein, das wollen wir nicht. Meinst du etwa, wir wollen uns wehtun, wenn wir von dir runter- fliegen?! Wir hätten viel mehr Lust, dich mal so richtig durchzu- kitzeln." Und schon nehmen sie Schnittchen in ihre Mitte und kitzeln sie so doll, dass sie nur noch wiehert.

Ich kann das!
Ich bin ein Mädchen!

Inge

Essstörungen

Inge war ein ziemlich dickes Mädchen. Ihr Lieblingsspruch lautete: „Lass mich fett sein, es kann nicht jede beim Ballett sein!" Inge lacht meistens selbst am lautesten über diesen Spruch. Aber so richtig wohl fühlte sich Inge trotzdem nicht in ihrer Haut. Beim Spielen und Rennen war sie immer schnell aus der Puste. Sport treiben wollte Inge dann natürlich nicht. Viel lieber wollte sie weiter essen.

Inge war fettsüchtig. Wenn man sie ansah, meinte man, sie könnte jeden Moment platzen. Inge stopfte wahllos alles, was man essen kann, in sich hinein. Nur ganz selten aß sie gemeinsam mit ihrer Familie. Dabei haben Inges Eltern ein Restaurant.

Als Inge klein war, haben ihre Eltern immer gesagt: „Iss, Inge, damit du groß und stark wirst …" Aber nun war Inge richtig dick und bekam gesundheitliche Probleme: Ihr Herz raste, ihr Blutdruck stieg, und ständig taten Inge die Gelenke weh. Außerdem konnte sich Inge in der Schule überhaupt nicht mehr konzentrieren. Ihre schulischen Leistungen wurden immer schlechter und schlechter. Ein Teufelskreis begann: Die schlechten Noten in der Schule führten dazu, dass Inge noch mehr aß, um sich zu trösten.

Inge war sehr unglücklich, und die Kinder in der Schule begannen, sie immer mehr zu hänseln. Blaue Enten tauchten auf und ärgerten Inge genauso wie die Kinder in der Schule. Ihre Eltern hatten wie immer viel zu tun und kümmerten sich wenig um sie. Inge tröstete

sich mit noch mehr Essen. Inge hat seit langem vergessen, dass Sport, Spiel und Bewegung Spaß machen. Inge wurde immer einsamer. Nur die blauen Enten waren ihre Begleiter. Mit der Zeit wurde Inge ganz hilflos. Eines Abends weinte Inge so laut in ihr Kopfkissen, dass Tanto es hören konnte. In Windeseile machte sich Mio Mausebär mit Schnittchen und seinen Freunden Taschi und Tanto auf den Weg zu Inge.

Als sie eintrafen, sahen sie, dass Inge schon mit Luna im Gespräch war. Luna, der große weiße Seelenvogel, fühlte, dass Inge sehr traurig war und von den blauen Enten geärgert wurde. Luna weiß genau, wie sich dicke Kinder fühlen. „Weißt du was, Inge?", schlug Luna vor. „Wir gehen jetzt raus und spielen mit Taschi, Tanto und Schnitt-chen. In der Zwischenzeit geht Mio Mausebär zu deinen Eltern und spricht mit ihnen." Inge lachte unter Tränen und war einverstanden. „Ich habe aber schon so lange nicht mehr draußen gespielt", sagte sie. „Na, dann wird es aber höchste Zeit", sagte Luna.

„Aber wie können wir Inge denn jetzt helfen, Mausebär?", wollte
Inges Mama wissen. „Das Wichtigste für Inge ist das Gefühl, dass ihre
Eltern sie lieb haben und unterstützen, egal, wie sie aussieht und
auch wenn es in der Schule mal nicht so gut klappt", antwortete Mio.
Dann schlug er vor, dass Inges Papa immer mittags zu ihr nach
Hause kommt, mit ihr zusammen isst und die Hausaufgaben
bespricht. „Und abends sollte dann Inges Mama da sein, damit Inge
rechtzeitig ins Bett kommt und auch noch ein bisschen über den Tag
reden kann." Inges Eltern fanden die Idee sehr gut.

„Wissen Sie eigentlich", fragte Mausebär Inges Eltern, „dass im Haus
nebenan eine Familie mit einem Kind in Inges Alter eingezogen ist?
Tanto hat mir das vorhin ins Ohr geflüstert. Marina war lange
krank und ist ein bisschen schüchtern. Sie würde sich bestimmt
freuen, wenn Inge sie zum Spielen abholen würde. Und sie hat zum
Geburtstag einen Hund geschenkt bekommen. Tobi muss jeden Tag
Gassi gehen, und außerdem spielt er gerne Fangen. So kommen
die beiden Mädchen an die frische Luft und haben noch Spaß und
Bewegung dabei."

„Aber Mausebär, meinst du denn, dass Inge sich traut, einfach bei den
Nachbarn zu klingeln? Vielleicht sollte ich beim ersten Mal mit ihr
gehen?", wollte Inges Vater wissen. Doch bevor Mausebär antworten
konnte, ertönte Inges Stimme ganz laut: „Na klar kann ich das!
Ich bin doch ein Mädchen!"

Mio Mausebär war froh, dass Inge sich jetzt nicht mehr schämte und
sich darauf freute, wieder mehr zu spielen. Wenn sie mit ihren Eltern
oder mit ihrer neuen Freundin Marina und Hund Tobi zusammen
sein konnte, war Inge glücklich – ganz ohne Schokolade.

Wöööööltas, komma schnell! Der Sternengucker

Lilli

Tierliebe

Als Lilli geboren wurde, schaute sie nicht zum Boden oder zur Seite, wie es die meisten Kinder bei ihrer Geburt tun. Nein, als sie auf die Welt kam, schaute sie mit dem Gesicht nach oben. Zu den Sternen. Lillis Eltern nannten sie damals schon Sternengucker. Und diesem Spitznamen sollte sie noch oft Ehre machen.

Sie liebte es, die Sterne zu betrachten. Und Lilli liebte Pferde.

Schon als Lilli ganz klein war, durfte sie mit Mama zum Reiten gehen. Mamas Pferd war schon sehr alt und sehr lieb. Es hieß Wöltas. Immer, wenn Lilli Wöltas sah, rief sie aus vollem Hals: „Wöööööltas, komma schnell!" Und schon kam Wöltas angesaust, um sich streicheln zu lassen. Eines Tages wurde Wöltas sehr krank und starb. Darüber waren Lilli und natürlich auch Mama und der Rest der Familie sehr traurig. Eine dicke, fette, blaue Ente tauchte neben Lilli auf.

Mama erklärte ihr, dass Wöltas jetzt im Himmel sei. Wann immer Lilli aber an der Pferdewiese vorbeikam, rief sie so wie früher: „Wöööööltas, komma schnell!" Doch Wöltas kam nicht mehr. Nur blaue Enten. Später kaufte Mama ein neues Pferd. Das hieß Puk, genauer gesagt Puk 5. Ein komischer Name, nicht? Lilli und ihre Schwester Janette durften oft mit ihrer Mutter zum Reiten. Sie liebten es sehr, auf dem Rücken der Pferde zu sitzen. Doch obwohl Lilli immer sehr vorsichtig mit den Pferden umging, wurde sie schon als ganz kleines Kind auf der Kirmes von einem Pony gebissen. Später wurde sie noch einmal von einem Pferd gebissen. Trotzdem liebte sie Pferde über alles. Wenn Lilli nicht bei den Pferden war, verbrachte sie viel Zeit mit ihrer Freundin Felicia. Am liebsten spielten sie natürlich dann auch wieder mit (Spielzeug-)Pferden oder malten Pferdebilder.

Als Lilli ihre ersten Schulferien hatte, flog sie mit ihren Eltern und ihrer kleinen Schwester Janette in den Urlaub nach Mallorca. Am letzten Urlaubstag passierte es dann. Es war ein regnerischer Tag und viel zu kalt, um im Meer zu baden. Also beschlossen die Eltern, mit Lilli und Janette reiten zu gehen. Alle hatten viel Spaß – bis zu dem Zeitpunkt, als sie die Ponys Manolito und Pepe wieder in den Stall zurückbrachten. Gerade, als Lilli Manolito anbinden wollte, drehte er den Kopf zu Lilli herum und biss ihr in die Schulter. Lilli schrie vor Schmerzen und weinte. Von Lillis Geschrei erschreckt, trat Manolito aus und traf Lillis Mama am Schienbein. Obwohl Lilli alles richtig gemacht hatte, war sie nun schon zum dritten Mal von einem Pferd gebissen worden.

Als Lilli sich zu Manolito umdrehte, sah sie, dass auf seinem Rücken und dem Rücken von Pepe ganz viele kleine blauen Enten und ein Angstmännchen saßen. Auch auf ihrer Schulter entdeckte Lilli zwei kleine Enten. Und jetzt noch der lange Rückweg zum Hotel. Puh! Wie sollten sie das nur schaffen?! Janette war ebenfalls sehr erschrocken, so sehr, dass sie zusammen mit Lilli weinte. Der Papa nahm Lilli auf den Arm, und Janette wurde von Mama getragen, obwohl Mamas Schienenbein sehr wehtat.

Der Weg zum Hotel war ziemlich weit. Zu allem Unglück verliefen sie sich auch noch. Oh je! Wie sollten sie nur zum Hotel zurückfinden? Lillis Schulter schmerzte immer mehr. Und von allen Seiten tauchten kleine blaue Enten und Angstmännchen auf. Auch Lillis und Janettes Eltern wurden von mehreren Enten und Angstmännchen belästigt. Weil Janette plötzlich mächtigen Hunger hatte, sagte sie: „Mama, hast du ein Schnittchen, bitte?" „Ein Schnittchen?", fragte die Mama zurück. „Ja, Schnittchen, ein Schnittchen", rief Janette ganz laut. Aber was dann geschah, hätte sich wohl niemand träumen lassen.

Anstelle eines Butterbrotes kamen plötzlich Schnittchen mit Mio Mausebär, Taschi und Tanto um die Ecke gesaust. Ohne es zu wissen, hatte Janette die Zauberworte ausgesprochen, mit denen Kinder Schnittchen herbeirufen können. Lilli und Janette freuten sich sehr, als sie Mausebär und Schnittchen sahen. „Ihr kommt gerade rechtzeitig, denn wir haben uns verlaufen. Außerdem tut mir meine Schulter sehr weh, weil mich vorhin ein Pony gebissen hat", sagte Lilli. Sofort kam der Tiger Taschi zu Lilli. Taschi kann ein ganz kleines bisschen zaubern, weil er Zauberkräfte hat.

Taschi rieb Lillis Schulter und Mamas Schienbein mit einer Zaubersalbe ein. Sofort hörte der Schmerz auf. Auch Janette bekam etwas von der Zaubersalbe ab, damit sie nicht mehr weinte. „Spring schnell auf meinen Rücken!", rief Schnittchen Lilli zu. „Wir reiten eine Runde." Sofort sprang Lilli auf, und Schnittchen galoppierte los wie der Blitz. „Taschi, verjage bitte alle blauen Enten und Angstmännchen", rief Lilli dem Tiger zu. „Das mache ich sofort", fauchte Taschi und sprang mit einem Riesensatz auf die Enten und Angstmännchen zu.

Tanto führte Mama, Papa und Janette sicher zurück zum Hotel,
weil er den Weg tausendmal besser riechen konnte als alle anderen.
Hunde können das. Und Tanto ganz besonders.

Lilli ritt mit Schnittchen über die Wolken und an den Sternen vorbei,
dass der Sternenstaub nur so wirbelte. „Sternenstaub ist Geschmack,
den man sehen kann," rief Lilli voller Glück. Schnittchen galoppierte
immer weiter und weiter, bis Lilli auf einmal, so wie früher und so
laut, wie sie konnte, „Wöööööltas, komma schnell!" rief. Ein paar
Sekunden später sah sie ganz in der Ferne ein Pferd aus dem Sternen-
himmel auf sich zugaloppieren. Und tatsächlich. Es war Wöltas, der
im Pferdehimmel ganz fröhlich und glücklich mit anderen Pferden
fangen spielte und nun noch einmal auf Lilli zugerannt kam. So wie
früher. Als Lilli Wöltas sah, war sie überglücklich und freute sich sehr,
dass er im Pferdehimmel nicht alleine war, sondern viele Freunde
zum Spielen hatte.

In diesem Augenblick hörte sie plötzlich ein lautes Kichern, das sich wie das Kichern ihrer kleinen Schwester Janette anhörte. Und wirklich. Lilli und Schnittchen trauten ihren Augen nicht. Neben ihnen flog Luna und hatte Janette auf dem Rücken. „Kriegt uns doch", rief Janette ganz laut. Sofort flog Luna eine Kurve und drehte immer wildere Kreise. Lilli winkte Wöltas zum Abschied zu, dann galoppierte sie mit Schnittchen, Luna und Janette hinterher. Da sie viel schneller waren, hatten sie die beiden schon bald eingeholt. Aber kurz bevor sie sie erreichten, rief Janette: „Die Sterne sind Verbiet. Da dürft ihr uns nicht abschlagen." Und weil es am Himmel so viele Sterne gibt, schafften es Schnittchen und Lilli nicht, Luna und Janette abzuklatschen. Alle vier lachten aus vollem Herzen und waren so fröhlich, dass sie darüber völlig die Zeit vergaßen. „Das ist hier wie im Paradies", sagte Schnittchen. „Ja", antwortete Luna, „und das

Paradies findet man wie das Glück nicht am Ziel, sondern auf dem Weg."

„Ja, aber wir müssen uns jetzt auch wieder langsam auf den Weg nach Hause machen", rief Lilli. „Langsam?", fragte Janette. „Wir reiten ganz schnell!" Dann galoppierte Schnittchen mit Lilli zurück nach Hause, und Luna und Janette folgten ihnen auf dem Fuß.

Als sie landeten, hörten sie gerade Mio Mausebär zu den Eltern sagen: „Den Menschen sind drei Dinge aus dem Paradies geblieben: Sterne, Blumen und Kinder. Und Kinder sind das Allerschönste auf der Welt." „Und Pferde!", rief Lilli ganz glücklich. Von den blauen Enten und Angstmännchen war weit und breit nichts mehr zu sehen. Taschi hatte sie alle verjagt.

Begegnungen mit der großen Natur

Muriel

Tod

Es war ein ganz ruhiger Abend, als Tanto plötzlich die Ohren spitzte und aufhorchte. Er konnte genau hören, wie in der Ferne ein kleines Mädchen das Zauberwort „Schnittchen" rief. Sofort war Tanto hellwach, genauso wie Taschi und Mio Mausebär. Dessen Pferd Schnittchen stand schon bereit, und alle vier machten sich sofort auf den Weg, um das Mädchen zu finden. Schnittchen galoppierte durch die Luft, so schnell sie konnte, lief über Wolken und sprang über Sterne. Tanto führte sie, weil er genau hörte, woher die Rufe des Mädchens kamen. Bald waren sie da.

Das Mädchen freute sich, als es Mio Mausebär und seine Freunde sah. „Was ist denn passiert, Muriel?", fragte Mausebär. Muriel weinte und sagte: „Hier waren gerade Angstmännchen, und die haben mich sehr erschreckt. Sie sagten, dass sie mir Angst vor dem Tod machen wollen und bald wiederkommen." Mausebär nahm Muriel in den Arm, drückte sie ganz fest an sich und tröstete sie. Dann sagte er Taschi und Tanto, dass sie sich sofort auf die Suche nach den Angstmännchen machen sollten. In der Zwischenzeit unterhielt sich Mausebär mit Muriel.

„Was ist denn eigentlich passiert?", wollte Mausebär von Muriel wissen. Muriel hatte sich beruhigt, weil sie wusste, dass ihr nichts geschehen konnte, wenn Mausebär bei ihr war. Außerdem fühlte sie sich von Taschi und Tanto sehr gut beschützt. Die würden die Angstmännchen schon in die Flucht schlagen, so dass sie nie mehr wiederkämen. Dann begann sie Mio Mausebär leise zu erzählen, was geschehen war.

Bis vor kurzem war es Muriel eigentlich sehr gut gegangen: Sie war
fröhlich und glücklich, und ein Tag war schöner als der andere.
Doch eines Tages kam Muriel nach Hause, und plötzlich war alles so
ruhig. Mama war da und Papa, auch ihre Tante Manuela und andere
Menschen. Nur Opa konnte sie nicht sehen. Dann hörte Muriel Oma
weinen, und sie fragte, was denn passiert sei. Doch niemand wollte
ihr antworten, und am Ende schickten die Erwachsenen Muriel einfach
weg. Sie sollte auf ihr Zimmer gehen, und dort wartete eine große
blaue Ente auf sie.

Muriel war verwirrt und traurig, weil sie nicht wusste, was geschehen
war. Muriel machte sich Sorgen um Opa. Sie spürte, dass etwas
anders war als sonst. Warum war da diese blaue Ente, und warum
wollte niemand mit ihr über Opa reden? Sie liebte ihren Opa doch so
sehr, weil er stets Zeit für sie hatte und immer soviel mit ihr unter-
nahm. Muriel konnte nicht aufhören zu denken und konnte auch
ganz schlecht schlafen.

Irgendwie fühlte sie sich, als hätte sie jemand in Watte gepackt, und
nichts machte ihr so richtig Freude. Hunger hatte sie auch keinen mehr.
Später fragte Muriel ihre Mama noch einmal, wo denn der Opa sei.

Mama schaute sie traurig an und sagte: „Opa ist im Himmel!"
Aber nun verstand Muriel noch weniger. „Wo ist denn der Himmel,
Mama?" „Und was macht Opa da?" „Wann kommt er wieder,
Mama?" Und dann wurde Muriel ganz traurig und sagte: „Mama,
ich habe Opa doch gar nicht ‚tschüß' gesagt!" Doch alles, was Mama
auf die Fragen von Muriel sagte, war: „Das verstehst du noch nicht,
Muriel, du bist noch zu klein."

Als Muriel an diesem Abend ins Bett ging, konnte sie überhaupt nicht
einschlafen. Die Ente war da und machte Krach, und ständig musste
sie an Opa denken und dass er nun im Himmel war. Aber sie wusste
doch gar nicht, wo der Himmel ist und was Opa dort nun ohne sie
macht. An diesem Abend tauchte das Angstmännchen zum ersten
Mal bei Muriel im Kinderzimmer auf und sagte: „Dein Opa ist tot."
Muriel bekam große Angst. „Was heißt denn ‚tot'?", wollte Muriel
vom Angstmännchen wissen. „Der Opa liegt jetzt unter der Erde
begraben." Muriel bekam noch größere Angst. Das konnte sie sich
wirklich nicht vorstellen. Warum sollte Opa jetzt unter der Erde leben?
Er war doch kein Maulwurf. Das Angstmännchen wollte einfach nicht
gehen, und Muriel konnte in dieser Nacht nicht schlafen.

Am nächsten Tag war sie sehr müde und konnte in der Schule nicht richtig aufpassen. Sie hatte keinen Hunger, der Kopf tat ihr weh und der Bauch auch. Am Nachmittag fragte sie ihre Mutter, ob es stimme, dass der Opa tot und unter der Erde begraben sei. Ihre Mama fing an zu weinen und sagte nur leise „ja" und dann nichts mehr.

In der folgenden Nacht kam das Angstmännchen wieder. Es brachte Dutzende von blauen Enten mit und viele andere Angstmännchen. Alle standen sie da und ließen Muriel nicht in Ruhe. Muriel war verzweifelt und bekam plötzlich große Schuldgefühle. Sie hatte vor Jahren einmal einen ganz heftigen Streit gehabt, erst mit Mama und Papa und dann auch mit Opa. Sie hatte allen dreien den Tod gewünscht, weil sie sie nicht mehr sehen wollte. Aber sie wollte doch nicht, dass sie sterben, sie sollten doch nur aus ihrem Blickfeld verschwinden, weil sie so wütend war und eigentlich niemanden mehr sehen wollte.

Als Muriel in ihrem Bett lag, fiel ihr diese Geschichte wieder ein, und plötzlich glaubte sie, dass ihr damaliger Wunsch nun in Erfüllung gegangen sei. Sie glaubte, Opa sei tot, weil sie es sich einmal gewünscht hatte, und bekam nun Angst, dass Mama und Papa ebenfalls sterben würden, weil sie sich das damals auch gewünscht hatte. Plötzlich waren ganz viele Angstmännchen um Muriel herum. Sie war verzweifelt und wusste nicht mehr ein noch aus. In ihrer Verzweiflung fiel ihr Mio Mausebär ein, weil Mama ihr immer so viel von ihm erzählt hatte, abends, wenn sie Muriel ins Bett gebracht hatte. Und sie hatte sich das Zauberwort gemerkt, mit dem man Mio Mausebär rufen kann, wenn man Angst hat, sich alleine und verlassen fühlt. „Schnittchen!" Das war alles, was sie noch denken und ganz leise rufen konnte.

Mio Mausebär hörte Muriel die ganze Zeit sehr aufmerksam zu, hielt ihre Hand oder streichelte ihr Gesicht. Muriel war so glücklich, dass Mausebär da war und sie mit ihm über den Tod reden konnte. „Mio Mausebär, kannst du mir sagen, was ‚tot' heißt, wo der Himmel ist und wo mein Opa?" Mio Mausebär nahm Muriel ganz fest in den Arm und sagte: „Ich will es dir gerne erklären, Muriel, so gut ich es kann. Alles, was ich über den Tod weiß, will ich dir gerne erzählen. Dein Opa ist gestorben, und er konnte sich nicht mehr von dir verabschieden, weil er so schnell gehen musste!" „Wohin musste er denn so schnell gehen?", wollte Muriel wissen. „Er hat mir gar nichts davon erzählt, obwohl wir doch immer so viel und über alles gesprochen haben."

„Weißt du, Muriel, das Geheimnis des Lebens ist der Tod. Die Menschen wissen so wenig darüber, weil keiner gerne davon spricht. Deshalb haben viele Menschen Angst vor dem Tod. Der Tod gehört aber zum Leben wie die Geburt. Und Geburtstag ist doch etwas sehr Schönes, oder?!" Muriel musste lachen, weil sie gerne Geburtstag hat und gerne feiert, weil dann alle ihre Freundinnen da sind und es Geschenke gibt. „Aber was soll denn schön sein am Tod?", fragte sie Mio Mausebär. „Die Menschen haben Angst vor dem Tod, weil sie ihn verheimlichen. Sie glauben, er sei etwas Schreckliches, für sie ist der Tod dunkel, schwarz, ein Schatten und ein Abgrund, in den man fällt. Und deshalb reden sie nicht gerne darüber. Manchmal glauben sie, den Tod verhindern zu können, wenn sie nicht darüber reden. Für die meisten Menschen ist der Tod unbegreiflich. Sie können ihn nicht fassen, weil sie ihn nicht verstehen. Der Tod gehört aber zum Leben und ist nur eine weitere Stufe auf unserem Weg."

Mio Mausebär sagte Muriel, dass es nicht gut war, dass ihre Eltern nie über den Tod gesprochen haben. „Weißt du, Muriel, der Tod begegnet uns jeden Tag. Vor einiger Zeit ist dein Meerschweinchen, Frau Mahlzahn, gestorben, weil es alt und ganz schwach war. Ihr habt es dann im Garten begraben. Auf der Straße sieht man manchmal Tiere, die von Autos überfahren wurden. Auch Menschen sterben jeden Tag, wir lesen davon in der Zeitung, hören davon im Radio oder sehen es im Fernsehen. Aber die Menschen reden nicht gerne über den Tod, und deshalb haben sie oft Angst." Mausebär erklärte Muriel weiter, dass der Tod normalerweise am Ende des Lebens kommt, wenn wir sehr, sehr alt sind. Dann ist es irgendwann Zeit zu sterben, das heißt, diese Welt zu verlassen und in eine neue Welt hinüberzugehen, die wir noch nicht kennen. Es ist wie bei einem kleinen Baby, das bei der Mama im Bauch heranwächst. Es kennt keine Welt außerhalb des Mutterleibes und weiß nicht, dass draußen eine viel schönere Welt wartet. Die Geburt erfolgt unter Schmerzen, weil das Kind nach neun

Monaten seine eigene Welt, in der es gewachsen und größer geworden ist, verlassen muss. Es tut weh, die vertraute Welt zu verlassen, sich zu trennen und loszulassen.

„Aber weißt du, Muriel, als du geboren wurdest, hast du geweint und geschrien, aber alle, die bei deiner Geburt dabei waren, haben vor Freude gelacht, als du auf die Welt kamst." Und so geht es immer weiter. Der Tod ist eine weitere Geburt. Wir werden älter, lernen und entwickeln uns, und irgendwann wird auch die Welt, die wir sehen und kennen, zu klein für uns. Es ist dann Zeit, in die nächste Welt geboren zu werden. Und das tut wieder weh. Dann weinen die Menschen, die wir verlassen, aber wenn wir glücklich gelebt haben, können wir die Welt mit einem Lachen verlassen. „Und dein Opa hat so gerne gelebt und war der glücklichste Opa auf der ganzen Welt. Als er ging, hat er bestimmt ganz fest an dich gedacht und auch gelacht, weil er sich an all die schönen Erlebnisse mit dir erinnert hat. Und Opa hat niemals Angst gehabt vor dem ‚Wuselmann', wie er den Tod immer nannte."

Muriel lachte unter Tränen und dachte dabei ganz fest an ihren Opa. Mausebär erklärte weiter, dass Kinder sehr neugierig sind und alles wissen wollen, auch über den Tod. Und deshalb ist es gut, gelegentlich darüber zu sprechen. Und wenn man neugierig ist, darf man auch Angst haben, das ist okay. Kinder sind von sich aus überzeugt, dass es nach dem Tod etwas geben muss, und zwar etwas Schönes! „Liebe Muriel, der Tod ist etwas Natürliches, und wir können nichts daran ändern. Aber wir können jeden Tag in jedem Augenblick etwas an unserem Leben ändern. Wer Angst vor dem Tod hat, hat auch Angst vor dem Leben", sagte Mio Mausebär. Bevor Mausebär weitersprechen konnte, unterbrach ihn Muriel lautstark: „Ich habe keine Angst vor meinem Geburtstag!" Jetzt musste Mausebär lachen, weil er wusste, dass Muriel ihn verstanden hatte.

Er drückte sie noch einmal an sich und sagte: „Und dein Opa ist jetzt auch dein Schutzengel und wird dich auf all deinen Wegen behüten und begleiten!" Muriel lächelte. „Dann ist Opa ja immer noch für mich da, nur dass ich ihn jetzt nicht mehr sehen kann." „Genauso ist es", sagte Mausebär. „Wenn du an deinen Opa denkst, ist er ganz nah bei dir, und du bist bei ihm. Für immer. Das hört niemals auf!"

„Es ist sehr wichtig im Leben, an etwas zu glauben. Alles hat seinen Sinn, und nichts geschieht ohne Grund. Du musst immer an etwas glauben, Muriel! Dann kannst du alles erreichen. Dein Glaube kann Berge versetzen. Du wirst sehen! Und mit dem Tod ist es so wie mit der Sonne: Abends, wenn die Sonne schlafen geht, sammelt sie alle ihre Strahlen ein. Am nächsten Morgen, wenn die Sonne erwacht, schickt sie ihre Strahlen wieder in den Tag. Kein Strahl geht verloren. Niemals. So ist es auch mit den Menschen. Kein Mensch geht verloren, auch nicht, wenn er stirbt. Niemals!"

„Und weißt du was, Muriel?", fuhr Mausebär fort. „Irgendwann treffen wir uns alle in einem Land wieder, wo keiner mehr sterben muss. Das ist das Paradies. Wir werden alle zusammen sein in einer Welt, die niemand mehr verlassen muss." Muriel lachte. „Aber bis dahin feiern wir noch ganz viele Geburtstage, ja, Mausebär?" Mausebär lachte aus ganzem Herzen und sagte: „Na klar!"

In diesem Augenblick kamen Taschi und Tanto zurück. „Wir haben die Angstmännchen in die Flucht geschlagen, die kommen ganz bestimmt nie wieder!" Muriel und Mausebär lachten, weil sie das doch schon längst wussten. Dann spielten alle noch eine Weile zusammen. Irgendwann war Muriel so müde, dass sie einschlief. Mio Mausebär deckte sie noch zu, wünschte ihr schöne Träume und machte sich dann mit Schnittchen, Taschi und Tanto auf den Weg nach Hause. Von diesem Augenblick an hatte Muriel nie wieder Angst davor, über den Tod zu reden.

Ich wünsch mir alles, was ich haben möchte!

Leon

Geduld und innere Stärke

Leon knibbelte oft an den Fingern. Manchmal so lange, bis die Haut einriss und es leicht zu bluten anfing. Am Tisch wippte Leon meistens herum, denn er konnte nicht lange still sitzen und sich konzentrieren. Manchmal hatte Leon auch Bauchschmerzen und keine rechte Lust zum Spielen. Und kleinere Probleme nagten sofort an seinem Selbstbewusstsein. Manchmal sagte er „Macht mir doch nichts aus!" oder „Ist mir doch scheißegal!", aber im Innern fühlte sich Leon trotzdem sehr klein und schwach. Nur nach außen tat er so, als sei er ganz stark und als mache ihm das alles gar nichts aus. Innerlich stand er aber unter Druck und Spannung und er versuchte, seine Verunsicherung zu überspielen. Manchmal fühlte sich Leon auch wie ein Versager, denn es gab Tage, an denen gar nichts klappte und funktionierte. Das kam so oft vor, dass Leon wirklich glaubte, nichts zu können. Er war ganz verzweifelt und wusste nicht, wie er aus dieser Situation herauskommen sollte.

Einmal war er mit Mama zu Besuch bei seiner Tante, die Geburtstag hatte. Als sie hereinkamen, forderte Tante Klara ihn auf, ihr die Hand zu geben. Leon wollte das aber nicht. Die Tante wurde energisch und sagte, er solle ihr jetzt endlich das ‚schöne' Händchen geben. Leon fing an, mit den Füßen zu stampfen und die Hände hinter dem Rücken zu verschränken. Dann sagte die Tante: „Du bist aber ein böser Junge!"

Leon mochte die Tante nicht. Sie war so ein blöder Backenkneifer, so nannte er sie, weil sie ihm früher bei der Begrüßung immer nur in die Backe gekniffen hatte. Und das mochte Leon überhaupt nicht. Außerdem tat es weh. Aber jedes Mal lachte die Tante. Irgendwann beschloss Leon, die Tante nicht mehr zu mögen. Er wollte eigentlich auch nicht mitgehen zu ihrem Geburtstagskaffee. Leon dachte im Stillen über den Satz von Tante Klara nach, dass er ein böser Junge sei. Das wollte er einfach nicht glauben.

Gerne hätte er der Tante vor das Schienenbein getreten. Noch lieber wäre er weinend und schreiend weggelaufen. Beides hätte ihm sehr gut getan. Doch als er noch überlegte, was er nun tun solle, hörte er schon Mamas Stimme: „Was, du willst der Tante nicht die Hand geben?!" Rumms! Schon hatte ihm seine Mama eine Ohrfeige verpasst. Leon fing an zu weinen und zu schreien, denn das tat sehr weh. Aber dann passierte das eigentlich Schlimme, seine Mutter drohte: „Wenn du nicht sofort aufhörst zu heulen, kriegst du noch eine gescheuert!"

In diesem Augenblick bekam Leon große Angst, und eine dicke blaue Ente setzte sich direkt auf seinen Kopf. Wenn er seinen Gefühlen jetzt weiter freien Lauf ließe, würde seine Mama ihn noch einmal schlagen und er würde noch mehr Schmerzen haben. Um das zu verhindern, machte sich Leon ganz steif. Er spannte alle Muskeln an, biss die Zähne fest aufeinander und schaute durch alles hindurch. Er zog sich in sich selbst zurück, bekam dabei aber so ein komisches Gefühl im Bauch.

Leon begann, an seinen Gefühlen zu zweifeln. Warum sollte er tun, was die Tante von ihm verlangte, wo ihm sein Gefühl doch sagte: „Sei vorsichtig, ich mag die Tante nicht." Schuldgefühle und eine unbestimmte Angst stiegen in Leon auf. Er glaubte, dass irgendetwas mit ihm und seinen Gefühlen nicht richtig sei. Die Ente auf seinem Kopf wurde immer schwerer, und dann tauchten auch noch Angst-männchen auf, die ihm einreden wollten, er habe Angst vor Tieren, Angst über Brücken zu gehen, Angst vor großer Höhe, Angst vor geschlossenen Räumen, Angst vor Menschenmengen und Angst vor vielem mehr. Am Ende hatte Leon vor allem Angst vor den blauen Enten und den Angstmännchen.

Die innere Spannung in seinem Körper stieg und stieg, und irgend-wann wollte sie heraus aus seinem Körper. Und so fing er an, an den Fingern zu knibbeln, bis es ihm weh tat und es blutete. Nachts knirschte und klapperte Leon mit den Zähnen. Manchmal presste er im Schlaf die Zähne so fest zusammen, dass ihm am nächsten Morgen der ganze Kiefer weh tat. Am liebsten hätte er mal so richtig zugebissen, so eine Wut hatte er auf die Tante. Leon fühlte sich oft müde und erschöpft, konnte sich nicht konzentrieren und war oft gereizt. Dann gab es natürlich Streit mit den Eltern.

Immer häufiger hörte er von seinen Eltern und anderen Erwachsenen Sätze wie „Sitz nicht so!", „Trödel nicht rum!", „Iss deinen Teller leer!", „Sei nicht so laut!", „Was sollen die Nachbarn denken!" und was Erwachsene sonst noch so zu Kindern sagen. In Leon wurde der Druck immer größer, und es fiel ihm immer schwerer, sich zu konzentrieren und zu lernen. Oft grübelte er und hatte Tagträume, er wünschte sich so sehr, dass seine Eltern sehen und verstehen würden, wie es in ihm aussieht.

Eigentlich hatte Leon immer viele Wünsche, Träume und Fantasien. Doch mehr und mehr wuchs in ihm die Verzweiflung, weil er nicht wusste, wie er sich gegen die Sätze der Erwachsenen wehren sollte. Leon wurde immer unruhiger und ungeduldiger. Ruhe und Geduld machten ihm Angst, weil er dann sein Gefühl spürte, das etwas ganz anderes sagte als die Erwachsenen. Leon verlor das Vertrauen in seine eigenen Gefühle. Am Ende glaubte er, selbst an allem schuld zu sein und dass die Erwachsenen nur solche Sätze sagen würden, weil er etwas falsch gemacht hatte. Eigentlich wusste er, dass er nichts falsch gemacht hatte, doch er zweifelte an seinen Gefühlen.

Wieso darf man als Kind nicht wütend sein auf seine eigenen Eltern und auf andere Erwachsene? Leon verstand das nicht. Manchmal wünschte er sich dann sogar, nicht mehr da zu sein. Natürlich wollte er nicht sterben. Aber er wollte auch so nicht weiterleben. Nur was sollte er tun? Wenn er seine Eltern ansprechen, ihnen erzählen würde, wie es ihm wirklich geht, würden sie ihm womöglich wieder nicht glauben. Leon wurde traurig. Eine Ente nach der anderen kam zu ihm. Aber weil er Angst vor seinen Gefühlen bekam, fühlte er sich einfach nur leer und taub. Dann hatte er keine Lust, irgendetwas zu tun. Er fühlte sich schlapp und müde. Am schlimmsten war dann, dass Leons Eltern in dieser Situation oft mit ihm schimpften. Wenn sie nicht mehr weiter wussten, sagten sie zu ihm: „Wenn du nicht endlich anfängst zu lernen, landest du eines Tages in der Gosse!" Dabei lernte Leon doch. Nur nicht das, was seine Eltern vielleicht gerne gehabt hätten. Er wollte viele dieser blöden Sätze einfach nicht übernehmen. Leon wusste, wie man auf Bäume klettert, Seilchen springt, Kaulquappen fängt, eine Schleife macht … und sogar, wie man Spiegeleier brät. Lernen machte ihm viel Spaß. Auch konnte Leon schon ziemlich gut lesen. Am liebsten las Leon schöne Tiergeschichten und natürlich Märchen.

Nur gegen diese blöden Sätze der Erwachsenen wehrte er sich tief im Innern. Seine Eltern glaubten oft, er könne sich nicht konzentrieren oder er hätte Lern- und Aufmerksamkeitsschwierigkeiten. Andere dachten, er sei ein Zappelphilipp, ein überaktives Kind. Aber eigentlich wollte Leon doch nur seine innere Stärke nutzen und Geduld und Zeit beim Lernen haben.

„Wie oft setzt du dich mit nacktem Hintern in Brennnesseln?", hörte er auf einmal eine unbekannte Stimme fragen. „Einmal!", antwortete Leon mit zittriger Stimme und war völlig überrascht. Vor ihm stand plötzlich der kleine Samurai Mio Mio Mausebär. „Ja genau", sagte Mausebär. „Alles, was wir mit ‚brennendem' Interesse lernen, vergessen wir nicht mehr. In unserem Körpergedächtnis geht keine lebenswichtige Information verloren. Alles, was der Körper einmal gelernt hat, vergisst er nie mehr. So wie Fahrradfahren, Treppen-steigen, Schwimmen und vieles, vieles mehr.

Wir denken immer in Bildern, Klängen und Gefühlen. Wenn ich sage ‚Denke jetzt bitte nicht an ein Känguru, Leon!', dann hast du gerade ein Bild von einem Känguru in deinem Kopf gehabt. Stimmt´s"? Leon grinste und nickte mit dem Kopf. „Pass auf, Leon, ich möchte eine Übung mit dir machen. Sprich mir bitte folgenden Satz nach: Zweibein sitzt auf Dreibein und isst Einbein. Da kommt Vierbein und nimmt Zweibein Einbein weg. Daraufhin wirft Zweibein dem Vierbein das Dreibein wütend hinterher."

„Das kann ich nicht, Mio Mio. Diesen Satz werde ich niemals auswendig aufsagen können." Jetzt lachte Mausebär und sagte: „Klar kannst du das. Du konntest den Satz nur nicht sagen, weil dein Gehirn gerade nicht in Bildern gedacht hat." Dann zog Mio Mausebär Grübchen, das Buch der Kinder, hervor und schlug eine Seite auf, auf die die Kinder vier Dinge gemalt hatten. „Schau dir die Bilder an, Leon, und dann sage ich dir den Satz noch einmal vor." Mio Mausebär wiederholte den Satz, und Leon verstand sofort, dass „Zweibein" der Mensch ist, „Dreibein" der Hocker, „Einbein" die Keule und „Vierbein" der Hund. Nun wurden aus den Worten sinnvolle Bilder, und Leon konnte den Satz fehlerfrei wiederholen.

In diesem Augenblick war Leon sehr stolz auf sich. So sehr, wie schon lange nicht mehr. Er hatte wirklich geglaubt, gar nichts mehr zu können und freute sich nun sehr.

„Weißt du was, Leon? Du verfügst über etwas, was andere verloren oder nie besessen haben, nämlich Herzensbildung. Du hast dein Herz am rechten Fleck. Vertraue deinen Gefühlen. Gefühle sind immer richtig. Es gibt keine ‚falschen' Gefühle. Denke also bitte niemals, dass mit dir oder deinen Gefühlen etwas nicht in Ordnung ist. Auch wenn du vielleicht nicht so viel weißt wie andere, so hast du doch den Schatz in dir gefunden, der dich viel reicher macht als alle anderen. Du wirst damit kein Millionär, aber du wirst damit zum König in deinem eigenen Land. Vertraue deinen eigenen inneren Bildern, Träumen, Wünschen und Fantasien. Und achte vor allem auf deine Gefühle. Dann kannst du alles erreichen, was du willst."
„Au ja", freute sich Leon, „ab jetzt wünsche ich mir alles, was ich haben möchte!"

Ich habe Angst

Chrissi

Angst

Chrissi sitzt auf einer dicken blauen Ente, die umgeben ist von vielen Angstmännchen. Beim Anblick der Angstmännchen reißt Chrissi die Augen auf, seine Nackenhaare sträuben sich, er bekommt eine Gänsehaut, Schweiß bricht ihm aus, sein Puls rast, seine Muskeln verspannen sich. Chrissi zittert und sein Mund ist ganz trocken. Vor lauter Angst verspürt er nicht einmal mehr Hunger.

Egal wo er auch hingeht, die blaue Ente und die Angstmänn-chen folgen ihm auf Schritt und Tritt. Es sind so viele, dass er vor lauter Angstmännchen fast die Wellenmännchen übersieht, die ihm helfen wollen. Auch als Mio Mausebär mit seinen Freun-den eintrifft, kann Chrissi sie zwischen den Angstmännchen kaum erkennen.

Alle sind gekommen: Mio Mio, Schnittchen, Taschi, Tanto, natür-lich auch Luna, Fledi und Spinni sowie Yumi und Yari. Nicht zu vergessen Chrissis Eltern. Sie alle stehen in Chrissis Zimmer und wollen ihm helfen. Taschi und Tanto haben sich schon auf einen schweren Kampf mit den Angstmännchen eingestellt –

aber wo sind sie? Die Freunde sehen sich um und stellen überrascht fest, dass sich in Wirklichkeit kein einziges Angstmännchen in Chrissis Zimmer befindet.

Nein, halt! Das Angstmännchen umklammert nämlich Chrissis Kopf, es hält ihm Augen und Ohren zu, lässt ihn nicht mehr riechen und schmecken. Dieses Angstmännchen ist anders als die anderen Angstmännchen. Das Angstmännchen vor Chrissis Augen kann sich verwandeln wie ein kleiner Zauberer. Es kann sich in eine blaue Ente und dann wieder zurück in ein Angstmännchen verwandeln. Und Chrissi schafft es einfach nicht, etwas anderes anzusehen als dieses Angstmännchen.

Erst als Mio Mausebär und die Freunde alle ihre Kraft aufwenden und gemeinsam ganz laut „Abeh Aboh Hex Hex" rufen, wacht Chrissi auf. Er ist im ersten Augenblick noch ganz benommen, lächelt aber, als er Mio Mio, die Freunde und auch seine Eltern sieht. Dann sagt Mausebär mit ganz ruhiger und fester Stimme zu ihm: „Sieh dir die Angstmännchen an, Chrissi. Was steckt hinter ihnen? Kommen sie allein oder sind sie zu mehreren? Sind sie nur da oder sagen oder tun sie etwas? Angstmännchen bestehen nicht nur aus Angst. Jedes Angstmännchen trägt immer auch einen Wunsch mit sich, den es aber nicht verrät. Man muss ihn selbst herausfinden, das gelingt, wenn man das Angstmännchen genau betrachtet. Angstmännchen wollen

auch nicht nur erschrecken und lähmen. Sie haben oft auch zu etwas Lust. Aber auch das muss man wieder selbst herausfinden, indem man ihnen genau zuhört. Außerdem sind Angstmännchen richtige Verwandlungskünstler. Sie können sich ganz toll verkleiden, wie im Karneval, so dass man nicht sofort erkennt, dass in dem Kostüm ein Angstmännchen steckt. Manchmal kommen Angstmännchen eben nicht als Angstmännchen, sondern sie verkleiden sich als blaue Enten, als Kopfschmerzen, Bauchweh, als Kloß im Hals, als Schluckbeschwerden, als Druck in der Brust, als Herzstiche, als Bettnässen, als Appetitlosigkeit, als Schreckhaftigkeit, als Zähneknirschen, als Unruhe, als Schlafstörung, als Müdigkeit und Erschöpfung, als Luftnot oder Schmerzen oder vieles mehr. Angstmännchen haben viele Kostüme, und auch Erwachsene können darin nicht immer sofort ein Angstmännchen erkennen.

Chrissi fühlte sich plötzlich ganz ruhig und sicher, und tief in seinem Inneren war ein sehr glückliches, ganz warmes und wohliges Gefühl. Die blaue Ente von seinem Kopf war verschwunden und versperrte ihm nicht mehr die Sicht. Chrissi fühlte sich plötzlich stark und selbstbewusst. Er konnte die Dinge nun so sehen, wie sie wirklich sind. „Blaue Enten sind eigentlich gar nicht so schlimm", dachte er. „Sie können uns sogar helfen, wieder klar zu sehen." „Blaue Enten erinnern uns ständig daran, dass wir leben und dass wir glücklich und zufrieden sein sollen," sagte Mausebär. „Wer noch nie blaue Enten gesehen hat, weiß nicht, wie schön das Leben ist."

Blaue Enten und der Hallo-wach-Effekt

Was ist das Gute an Enttäuschungen?

Enttäuschungen machen stark. Sie rufen uns immer wieder in die Realität zurück, verleihen uns auf Dauer mehr Bodenhaftung, so wie der Sturm dem Baum immer stärkere Wurzeln und eine höhere Standfestigkeit verleiht.

Enttäuschungen machen uns hellwach! Und sie können uns die Augen öffnen, um wichtige Werte im Leben deutlicher zu sehen.

Zum Beispiel folgende:

1. Ehrlichkeit
2. Bescheidenheit
3. Ernsthaftigkeit
4. Freundschaft
5. Vertrauen
6. Hilfsbereitschaft
7. Höflichkeit
8. Respekt/Wertschätzung
9. Mut/Risikobereitschaft
10. Selbstbeherrschung/Geduld
11. Dankbarkeit
12. Verantwortungsbewusstsein
13. Friedfertigkeit
14. Zuverlässigkeit/Treue
15. Geborgenheit
16. Gerechtigkeit
17. Leistungsbereitschaft
18. Pflichtbewusstsein
19. Mitgefühl/Empathie
20. Umweltschutz
21. Geld/Besitz
22. Gutes Benehmen
23. Toleranz
24. Durchsetzungsfähigkeit
25. Glaube
26. Ordnung
27. Tierliebe
28. Spielen

Ente gut, alles gut!

Literatur

Brooks, R., Goldstein, S.:
Das Resilienz-Buch, Stuttgart: Klett-Cotta 2007

Büchmann, G.:
Geflügelte Worte, Berlin: Haude & Spener´sche Buchhandlung 1898

Caspary, R. (Hrsg.):
Lernen und Gehirn, Freiburg im Breisgau: Herder 2006

Dudenredaktion (Hrsg.):
Das Herkunftswörterbuch, Der Duden, Band 7, Mannheim: Dudenverlag 1989

Fthenakis, W. E., Textor, M. R. (Hrsg.):
Knaurs Handbuch Familie, München: Knaur 2004

Fthenakis, W. E., Oberhuemer, P. (Hrsg.):
Spielend lernen, Troisdorf: Bildungsverlag Eins 2007

Jaede, W.:
Kinder für die Krise stärken, Freiburg im Breisgau: Herder 2007

Jönsson, B.:
Zeit. Wie man ein verlorenes Gut zurückgewinnt,
Köln: Kiepenheuer und Witsch 2000

Klages, K. (Hrsg.):
Zitate des Lachens, Leipzig: Miniaturbuchverlag Leipzig 2007

Largo, R. H.:
Babyjahre. Die frühkindliche Entwicklung aus biologischer Sicht, Hamburg:
Piper 1995

Largo, R. H.:
Kinderjahre, München: Piper 1999

Lüdke, C.:
Zur Kritik von Erklärungsansätzen für Selbsttötungshandlungen, Lünen:
Wuth 1992

Lüdke, C.:
Wo ist das Paradies? Gedichte, Herdecke: Scheffler 1997

Lüdke, C., Becker A.:
Der kleine Samurai Mio Mio Mausebär. Gemeinsam stark gegen Kinderängste,
Heidelberg: Psychotherapeutenverlag 2007

Lüdke, C., Clemens, K.:
Kein Trauma muss für immer sein, Bergisch Gladbach:
Edition Humanistische Psychologie 2003

Lüdke, C., Clemens, K.:
Vernetzte Opferhilfe. Handbuch der Psychologischen Akutintervention, Bergisch
Gladbach: Edition Humanistische Psychologie 2003

Lüdke, C., Trapski, P., Becker A.:
Die Curry-Clique. Geschichten zur Gewaltprävention, Heidelberg:
Economica Verlag 2008

Mohn, L., von der Leyen, U. (Hrsg.):
Familie gewinnt, Gütersloh: Bertelsmann Stiftung 2007

Peseschkian, N.:
Der nackte Kaiser oder wie man die Seele der Kinder und Jugendlichen versteht
und heilt, München: Pattloch 1997

Riemann, F.:
Grundformen der Angst. Eine tiefenpsychologische Studie, München:
E. Reinhardt 2002

Van den Brouck, J.:
Handbuch für Kinder mit schwierigen Eltern, Stuttgart: Klett-Cotta 1982

Über die Autoren

Christian Lüdke

Jahrgang 1960.
Dr. phil., approbierter
Kinder- und Jugendlichen-
psychotherapeut.
Glücklich verheiratet seit 1997.
Autor von Die Curry-Clique
(2008) und Der kleine Samurai
Mio Mio Mausebär. Gemeinsam
stark gegen Kinderängste (2007).

Isst gerne Ente in Curry-Sauce.

www.christianluedke.de

Andreas Becker

Jahrgang 1956.
Professioneller Grafiker,
Mediengestalter,
Illustrator und
freischaffender Künstler.

Mag von Enten nur die
Quakspeise.

www.creative-vision.de

Mio Mio Mausebär bei der Umsetzung des speziell vom Verlag entwickelten Motivationstrainings.

… der Liebe meines Lebens, Kerstin.